Brüggemann Pharmawerbung

Rolf Brüggemann

Pharmawerbung

Bilderbuch einer Drogenideologie

Mabuse Verlag

Leider war es uns nicht möglich uns mit allen Karikaturisten, deren Karikaturen im Buch abgebildet sind in Verbindung zu setzen, da uns die Adressen nicht bekannt waren. Bei wiedererkennen bitte mit dem Verlag in Verbindung setzen.
Im voraus vielen Dank.

CIP-Titelaufnahme der Deutschen Bibliothek
Brüggemann, Rolf:
Pharmawerbung: Bilderbuch einer Drogenideologie /
Rolf Brüggemann. – 1.Aufl.– Frankfurt (Main): Mabuse.-Verl., 1990
ISBN 3-925499-37-7

Mainzer Landstr. 147
6000 Frankfurt/M 1
☎ 069/7381724

Gesamtherstellung: Caro Druck GmbH, Frankfurt/M
Umschlag: Mit freundlicher Genehmigung
der Buko-Pharmakampagne, Bielefeld

Vertrieb für den Buchhandel:
Prolit Buchvertrieb, Siemensstr.18a,
6300 Gießen, ☎ 0641/77053
Einzelbestellungen an den Verlag

1. Auflage 1990
ISBN: 3-925499-37-7

Inhaltsverzeichnis

Vorbemerkung

Im vorliegenden Buch beschäftigen wir uns mit den Werbestrategien für Medikamente. Die Angemessenheit oder Wirksamkeit der genannten einzelnen Präparate soll und kann hier nur gelegentlich kommentiert werden. Einige der aufgeführten Arzneimittel wurden mittlerweile in ihrer Indikation spezifiziert oder vom Markt genommen. Ohne Rücksicht auf solche pharmakologisch begründete Änderungen belassen wir auch die Anzeigen dieser Mittel in unserer Darstellung, da sie unter dem Werbeaspekt weiterhin als aktuell und exemplarisch gelten.

Danksagung

Für die Unterstützung meiner Arbeit an der vorliegenden Veröffentlichung möchte ich mich herzlich bedanken bei Ellen Vaal-Seiffert, Sigrid Mohs, Dr. Traut von Figura, der ÖTV Berlin, Fachgruppe Apotheken, Dr. Gerd Glaeske sowie Herrn Dr. Ulrich M. Moebius und dem Institut für Arzneimittelinformation Berlin.
Berlin und Zell unter Aichelberg 1990

Vorwort

Das Marketing für Produkte der pharmazeutischen Industrie verschlingt nach vorsichtigen Schätzungen in der Bundesrepublik alljährlich etwa fünf Milliarden Mark. Mit psychologisch ausgeklügelten, nicht immer ganz seriösen Strategien gehen Werbeleute im Gesundheitsbereich auf Kundenfang.

Taugliche Medikamente finden den Weg zum Patienten gewöhnlich dank herausragender Wirkeigenschaften. Sinnvolle medizinische Verfahren und Errungenschaften — seien es chirurgische Eingriffe, Impfstoffe oder Medikamente mit nachgewiesenen Vorteilen gegenüber herkömmlichen Mitteln — brauchen keinen künstlichen Verkaufsantrieb durch Werbung. Nur Imitationen bekannter Stoffe, Pseudoinnovationen oder Neuentwicklungen mit nachteiligen Nebenwirkungen oder kaum nachgewiesenem Nutzen bedürfen ausgefeilter Werbekampagnen. Pharmawerbung erweckt irrige Vorstellungen und falsche Sicherheit sowohl beim Arzt als auch beim Patienten. Die Vielzahl der Arzneimittelrückrufe für Medikamente, die in der Werbung als unbedenklich und sicher dargestellt wurden, ist ein deutliches Indiz für die Kluft zwischen Dichtung und Wahrheit in der Pharmawerbung. Der Gehalt an korrekten und wirklich wichtigen Informationen darf mit Fug und Recht in einem großen Teil der Anzeigen als dürftig bezeichnet werden.

Mit wohlklingenden, aber leeren Sprüchen und Bildern von einer schönen neuen Welt durch Medikamente arbeitet die Verführungstechnik des Pharmamarketings. Mediziner unterliegen dieser Verführung ebenso wie Laien. Ein Blick in die Statistiken der meistverordneten Arzneimittel zeigt die Position unnötig riskanter oder offenkundig nutzloser Medikamente an prominenter Position der Verkaufszahlen. Kein Wunder, denn das Angebot orientiert sich weniger am Bedürfnis der Gesundheitssicherung und Krankenversorgung als an wirtschaftlichen Interessen.

Eine Vielzahl von Beispielen dokumentiert in diesem Buch einen gefährlichen Mangel an Sicherheitsstreben im Bereich Gesundheit. Tatsächlich wird in der Pharmaindustrie der Profit groß und die Menschlichkeit klein geschrieben.

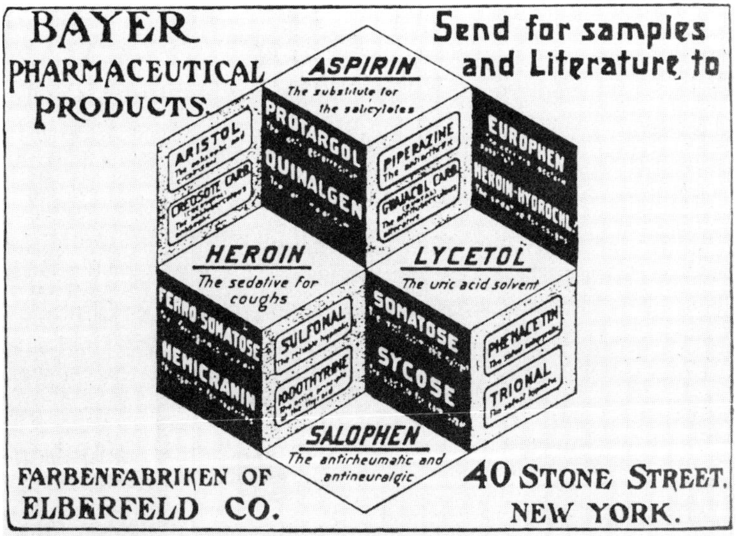

Reklame der Firma Bayer für Heroin (1900)

Schon im vergangenen Jahrhundert warb die Pharmaindustrie verharmlosend für gefährliche Produkte. Die Bayer-AG führte das Rauschgift Heroin um die Jahrhundertwende als beruhigend wirkenden Hustendämpfer ein.

Einführung in die Thematik

Die Automobilbranche wirbt Käufer für die neuen Modelle des Jahres. In der Boulevardpresse erfahren wir, welche Farben die Mode in diesem Sommer bestimmen sollen. Die Hifi-Industrie bringt eine neue Generation von Plattenspielern auf den Markt, Leuchtreklame, Plakatwände und Werbespots in Radio und Fernsehen empfehlen Speiseöl, Toilettenpapier, Geldanlagemöglichkeiten und Katzenfutter. Wir leben in einer Welt voller Werbung. Warum sollte da nicht auch für Arzneimittel geworben werden? Ist nicht das Arzneimittel eine Ware wie alle anderen Waren, für die in einer freien Marktwirtschaft mit konkurrierenden Produzenten selbstverständlich auch geworben werden muß? Zwar ist bekannt, daß für bestimmte Waren wie Zigaretten und hochprozentige Spirituosen wegen der Gefahr von Gesundheitsschädigung und Sucht nur beschränkt geworben werden darf. Für Arzneimittel, so scheint es, gilt dies nicht. Auf Plakatwänden und Kugelschreibern, in Zeitschriften und im Fernsehen, wo etwa Zigarettenwerbung unterbunden wird, begegnen wir einer massiven Propaganda für Medikamente!

Arzneimittel gehören zum zentralen Bestandteil unseres fortgeschrittenen Heilungswissens. Aber längst werden Zweifel geäußert, ob nicht in grenzenloser Übertreibung das Heil in Unheil verkehrt wird. So schätzt man die Zahl der Medikamentensüchtigen in der Bundesrepublik auf etwa 800.000 (zum Vergleich: ca. 60.000 Drogensüchtige, ca. 1,5 Millionen Alkoholsüchtige). Neben der Sucht ist der Medikamentenmißbrauch kaum ausreichend quantitativ und qualitativ erfaßt. So ist es etwa schwer überprüfbar, wenn eine alte Arznei aus der Hausapotheke nach eigenem Gutdünken hochdosiert eingenommen wird, wenn jahrelang Abend für Abend Schlaftabletten geschluckt werden, wenn der Kopfschmerz, der sogenannte Streß, der Alkoholkater, das Übergewicht, die schlechte Laune usw. mit dem schnellen Griff zur Pille beseitigt werden sollen. Die Aufklärung über Medikamentensucht und Medikamentenmißbrauch erscheint jedoch verglichen mit dem Werbeaufwand für Arzneimittel wie ein Tropfen auf den heißen Stein.

Das ist unser Anliegen: Indem wir die Aussagen und Methoden der Pharmawerbung analysieren, möchten wir das Bewußtsein schärfen für den eigenen Umgang mit dem Begriff der Gesundheit.

Die pharmazeutische Industrie gehört zu den größten und mächtigsten Industriebranchen in der Bundesrepublik. Durch ihre engen Bezüge zu unserem Gesundheitswesen beeinflußt sie dieses in entscheidender Weise. Während zwischen 1960 und 1980 die Lebenshaltungskosten auf das Doppelte stiegen, wuchsen die Ausgaben im Gesundheitsbereich um das achtfache: von 19 auf 151,1 Milliarden DM. An dieser Kostenexplosion sind auch Arzneimittel beteiligt, deren Apothekenumsatz zulasten der Krankenkassen 1988 die 20 Mrd-Grenze überschritt. Sind wir durch diesen enormen finanziellen Aufwand gesünder geworden? Bedenklich stimmt, daß der Krankenstand zwischen 1969 und 1979 ungefähr gleich geblieben ist, obwohl sich die Anzahl ärztlicher Verordnungen von 1960 bis 1979 von etwa 100 auf rund 500 Millionen pro Jahr gesteigert hat (1988 bereits 730 Millionen!).

Sicher verbessern Medikamente die Lebensqualität, und wir möchten auch keinesfalls bezweifeln, daß Medikamente in vielen Fällen eine wirksame, oder sogar die einzige bekannte Hilfe bedeuten. Aber benötigen wir wirklich mehrere zigtausend Arzneispezialitäten? In kaum einem anderen Land werden so viele Medikamente zugelassen und angeboten. Man bedenke, daß die Weltgesundheitsorganisation weniger

Was für Bier oder Waschmittel vielleicht (oder Gott sei Dank) gelten mag, trifft so auf Medikamente nicht zu. Fachgerechte Behandlung mit Medikamenten ist keine Frage des Geschmacks.

als 300 Arzneistoffe als unbedingt notwendig einstuft. Vor diesem Hintergrund scheint die unüberschaubare Vielzahl an Medikamenten auf dem bundesdeutschen Markt vor allem ein Symptom der Gesundheit der Pharmakonzerne zu sein.

Das profitable Geschäft geht zu Lasten der Krankenversicherungen wie des einzelnen Patienten. Sie sind es auch, die indirekt die Ausgaben für das Pharmamarketing inbegriffen die Arzeimittelwerbung zahlen müssen. Nach vorsichtigen Schätzungen liegen die Ausgaben für das Pharma-Marketing inklusive Werbung bei rund fünf Milliarden Mark pro Jahr – wobei nicht zu vergessen ist, daß sich hinter vielen als Forschung deklarierten Aktivitäten der Pharma-Konzerne Werbekampagnen verbergen. Neben dem Laien, der etwa 25 % aller auf dem Markt vertriebenen Arzneimittel ohne Rezept kauft und aus eigener Tasche bezahlt, wird vor allem der Arzt auf vielfältige Weise massiv umworben. Im Unterschied zum sonstigen Wirtschaftsbetrieb, wo der Umworbene mit dem zahlenden Konsumenten identisch ist, verschreibt der Arzt das Produkt Medizin dem konsumierenden Patienten, ohne von den Kosten bzw. den mitunter nachteiligen Wirkungen des Medikaments direkt betroffen zu sein.

Bei der Masse des Angebots ist die Auswahl einer bestimmten Arznei oft das Ergebnis gelungener Werbestrategie und Suggestion. Der Patient, der sich über fast alle anderen Konsumartikel durch Verbraucherschutzorganisationen wie die Stiftung Warentest relativ leicht sachkundig machen kann, braucht dagegen schon ein überdurchschnittliches Maß an Findigkeit, um an entsprechende kritische Informationen über Arzneimittel heran zu kommen. Er ist den Werbestrategien der Industrie bzw. der durch sie manipulierten ärztlichen Verordnung hilflos ausgeliefert. Aber auch der Arzt ist überfordert, wenn er sich einen sachgerechten Überblick verschaffen will. Es wäre naiv anzunehmen, daß der von Pharmavertreterbesu-

In der pervertierten Werbewelt werden selbst der Name von Gift und Droge zum begehrten Attribut chen, kleinen Aufmerksamkeiten und Geschenken, mehr oder weniger wissenschaftlichen Prospekten und Probepackungen überschüttete Arzt gegen derartiges Umwerben immun und in seiner Verschreibungspraxis souverän sein sollte. Bemühungen um unabhängige Aufklärung und Transparenz bleiben dagegen wenig beachtet und können kaum durchgreifen.

Was aber will Werbung und wie wirkt sie? Natürlich geht es um Umsatzsteigerung und Neuerschließung bzw. Erweiterung von Verkaufsmärkten. Dazu ist notwendig, daß das Produkt einen Bedarf deckt. Das generelle Bedürfnis nach Gesundheit ist vorhanden, aber zur gezielten Absatzförderung des Einzelprodukts müssen noch speziellere Bedürfnisse geweckt werden. Die Ideologie der Käuflichkeit von Glück und Jugend, der Traum von der technisch-medizinischen Omnipotenz und die Utopie einer Welt ohne Leid und Schmerz stehen dabei im Vordergrund der Überlegungen der Werbeleute. Aufgrund einer gesamtgesellschaftlich verbreiteten Konsumhaltung fallen diese Ideologien auf fruchtbaren und durch die Pharmawerbung stets neu genährten Boden. Es scheint eben auf den ersten Blick soviel einfacher und unproblematischer, eine (oder viele) Pille zu schlucken, als sich aktiv mit der eigenen – vielleicht gesundheitsschädlichen – Lebenspraxis auseinanderzusetzen. Wir werden im einzelnen zeigen, wie sich in der Pharmawerbung eine normbildende, krankmachende Ideologie manifestiert. Eine Ideologie, die entscheidend mitverantwortlich ist für den epidemischen Mißbrauch von Medikamenten: eine Drogenideologie!

Die Strategien der Pharmawerbung sind außerordentlich vielfältig und ideenreich. Wir beschränken uns wegen der allgemeinen Zugänglichkeit und aus Gründen der Anschaulichkeit auf die Anzeigenwerbung. Unsere Beispielauswahl – wir haben mehrere Zentner Zeitschriften durchgesehen –

Hermann Thürme

zeigt nur die Spitze des Eisbergs. In den medizinischen Fachzeitschriften, wie etwa dem 'Deutschen Ärzteblatt', ist der Anteil an Pharmawerbung überaus groß (40 % – 70 %). In den populären Zeitschriften wie 'Hör Zu', 'Stern', 'Quick' oder 'Spiegel' findet man weit weniger Pharmawerbung und natürlich nur für die rezeptfreien Mittel. Das liegt einerseits daran, daß die Werbung für die rezeptpflichtigen Medikamente durch den § 10 des Gesetzes über die Werbung auf dem Gebiete des Heilwesens in der Laienpresse verboten ist. Dazu muß man sich klarmachen, daß 75 % des Arzneimittelabsatzes über ärztliche Verordnung erfolgt. Der Arzt ist also, weit mehr noch als der Apotheker, der wichtigste Ansprechpartner für die Pharmaindustrie im Kampf um Marktanteile. Er wird ebenso mit suggestiven und teilweise sachfremden Argumenten umworben wie die Hausfrau oder der Manager. Und wie wir sehen werden, bedient sich die Arzneimittelwerbung der gleichen Strategien wie die Werbung für Zigaretten, Waschmittel oder Urlaubsziele. Es gibt nur wenige Ausnahmen.

Aus der Fülle des Materials haben wir Werbeanzeigen ausgewählt, die uns typisch erscheinen und Kritik herausfordern. Bild und Text, Farbe und Gestaltung bewirken zunächst einen noch diffusen und komplexen Eindruck beim Betrachter. In dieser Gesamtgestalt wird sachlich Informatives gemeinsam mit Bewertungen und Gefühlen transportiert. Erst die Analyse der Einzelanzeigen wird den Blick freigeben auf die Methoden der Werbepsychologie. Ihr gelingt es auch im Bereich der menschlichen Gesundheit nur allzuoft, Kaufanreize zu setzen, ohne daß sachrelevante Argumente dabei eine Rolle spielen.

Dein Partner: die Pille

Zielgruppen und Ansprechstrategien

Jeder Mensch braucht irgendwann Arznei. Hinter diesem Slogan der Apothekerwerbung verbirgt sich das Wunschdenken der Pharmaindustrie und der Apotheker, möglichst jeden Menschen von der Wiege bis zur Bahre als Konsumenten von Arzneimitteln zu gewinnen. In der Werbung werden folglich auch alle typischen Gruppen angesprochen. Kinder, Männer, Frauen, im Arbeitsprozeß stehende Menschen, Rentner, der ganz normale Alltagsmensch. Die speziellen Sorgen und Nöte dieser Zielgruppen werden zunächst verständnisvoll aufgelistet, um dann schnelle und problemlose Hilfe anzubieten. Als selbstverständlich wird vorausgesetzt, daß Medikamente in allen Lebenslagen und Altersstufen sinnvoll seien. Kurzum, die Werbung behauptet, daß Pillen generell unkomplizierte Lösungen für schwierige Lebensprobleme bereithalten. Ob Schulaufgaben oder Berufsstreß: alles soll mit Pille leicht bewältigt werden. Die Anpreisung der Einnahme von sogenannten Stärkungsmitteln (Biovital, Doppelherz, Tai Ginseng und wie sie alle heißen) suggeriert die Möglichkeit, Alterserscheinungen zu beseitigen, gar das Leben zu verlängern.

Die hier von uns vorgestellte Laienwerbung bezieht sich mit einer Ausnahme auf rezeptfreie Medikamente, die meist vom Patienten ohne ärztliche Verschreibung gekauft werden. In diesem Zusammenhang wollen wir auf zwei Vorurteile aufmerksam machen, die sehr verbreitet sind. So wird behauptet, daß rezeptfreie, aber apothekenpflichtige Mittel keinen gesundheitlichen Schaden anrichten könnten und dürften – eine Behauptung, der die Wirklichkeit widerspricht: In der Geschichte der Pharmakotherapie haben sich häufig Gesundheitsschädigungen durch den vorsätzlichen Mißbrauch gerade von rezeptfreien Mitteln ergeben. Manche dieser gefährlichen Arzneien wurden daraufhin ganz aus dem Verkehr gezogen oder unter Rezeptpflicht gestellt. Beispiel aus jüngerer Zeit: die schweren Nierenschäden, die durch den in vielen rezeptfreien Schmerzmitteln enthaltenen Wirkstoff Phenazetin hervorgerufen wurden, führten 1986 dazu, daß der Stoff in der Bundesrepublik vom Markt genommen wurde.

Das zweite Vorurteil bezieht sich auf die angebliche Harmlosigkeit von Vitaminpräparaten. Diese Mittel, so die Behauptung, könnten ja gar nicht gefährlich sein, da sie überhaupt keine eigentliche Arzneiwirkung hätten. Unterstellen wir einmal eine solche Unwirksamkeit, so schließt dies jedoch eine mögliche psychologische Wirkung nicht aus. Wir meinen hier nicht so sehr den Plazebo-Effekt, der darin besteht, daß die Wirkung mit der Stärke der Wirkungserwartung übereinstimmt. Wir zielen vielmehr auf eine bedenkliche Fehlzuweisung: führt z.B. ein Schüler das Gelingen seiner Klassenarbeit auf die Einnahme eines Vitaminpräparats zurück, so wird er es bei der nächsten Prüfung erneut einnehmen. Und falls er trotz-

Hermann Thürme

dem versagen sollte, wird er nach anderen medikamentösen Hilfsmitteln suchen. Jedenfalls orientiert er sich an einer von außen kommenden, leicht konsumierbaren Hilfe. Dadurch wird das Bemühen um eine aktive Problembewältigung von Anfang an vereitelt. Und dies ist nichts anderes als eine Drogenideologie. Chemische Prothesen als Lebens(bewältigungs)mittel.

Häufig ist der in der Werbung Angesprochene auch nicht identisch mit dem eigentlichen Konsumenten. Dies scheint bei den rezeptpflichtigen Mitteln noch unmittelbar verständlich, hier kommt es ja darauf an, daß der Arzt das Medikament verschreibt. Auch darf für diese Mittel nur in der Fachpresse geworben werden. Aber auch für frei verkäufliche Medikamente werden Dritte als Mediatoren massiv angesprochen. Sie sollen als Vertrauenspersonen der angesprochenen Patientenklientel mit in die Werbestrategie einbezogen werden.

Wenn die Zielgruppe der Werbung also etwa Kinder sind, werden die Eltern als Mediatoren eingesetzt. Für die Zielgruppe Hausfrauen erfüllt diese Funktion die Nachbarin, für die Ehefrau der Ehemann oder die erwachsenen Kinder. Weitere Konstellationen sind leicht konstruierbar. Diese Mediatorenwerbung hat einen Doppeleffekt. Sie verspricht nicht nur, das Problem des Patienten mit seinen Beschwerden zu lösen, zugleich macht sie auch der Bezugsperson als Mediator die Hoffnung, dessen Probleme mit dem Patienten aus dem Weg zu räumen: Verwandte, Nachbarn, Freunde können sich durch die Medikamentenempfehlung von ihrer eigenen Betroffenheit entlasten. Das ist im Zweifelsfall bequemer als eine liebevolle Zuwendung, die dem Kranken in vielen Fällen sicher mehr helfen würde als so manche Arznei. Schließlich wird der Patient durch eine direkte, persönlich Ansprache wirksamer manipuliert als durch irgendwelche Werbeanzeigen.

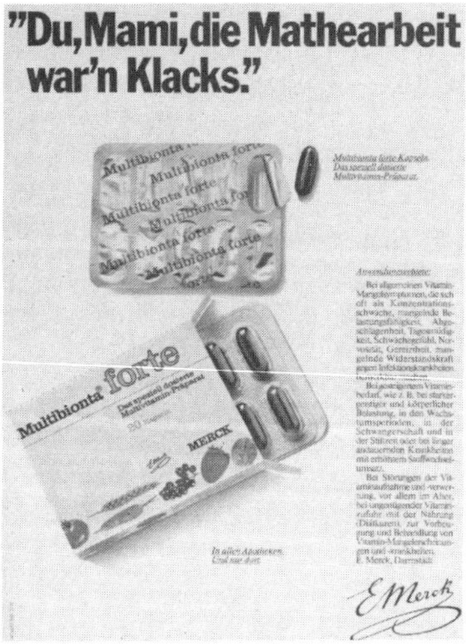

Pillen für die Penne

Hier werden die Eltern angesprochen. In einer Zeit, die geprägt ist von Massenarbeitslosigkeit und Existenzängsten, sorgen die Eltern sich mehr und mehr darum» daß ihr Kind in der Schule versagen könnte. Es muß sich in einer Atmosphäre immer schärfer werdender Konkurrenz schon früh behaupten können, wenn es später auch im Arbeitsleben erfolgreich sein soll.

Ängstlichen und überforderten Eltern wird eine schnelle Lösung des Problems angeboten. Wie sollten sie sich, ohne sich Vorwürfe machen zu müssen, einer solchen angeblichen Chance entziehen können! Würden sie ihren Kindern nicht lebenswichtige Nahrung für Hirn und Nerven vorenthalten?

Gleichzeitig werden die Eltern von der Suche nach den eigentlichen Problemursachen abgelenkt und entlastet. Aber eben diese Ideologie, Probleme mit dem Griff zur Pille zu lösen, wird auch den Kindern vermittelt.

Die Eltern selbst werden hiermit zu wirkungsvollen Werbeagenten der Pharmaindustrie, die ihre Kinder auf eine spätere Medikamentensucht geradezu vorprogrammieren.

Wir meinen: Lieber eine Vier mit feuchten Händen als eine Eins auf Rezept.

Im übrigen verstößt u.E. diese GLUTIAGIL®-Werbung gegen das Heilmittelwerbegesetz, §§ 4, 11 und 12: Der Hersteller (Mindel-Pharma) bleibt ungenannt, und die Anzeige richtet sich verbotenerweise überwiegend an Kinder und Jugendliche unter 18 Jahren.

Proklamatorisch wird der Anspruch und Wunschgedanke genannt.

In einer Zeitschrift für Eltern wird VALDISPERT® zur besseren Bewältigung der Alltagshetze empfohlen. Attraktive Attribute wie Einzigartigkeit, Natürlichkeit, jahrtausendalte Bewährtheit, schneller Beruhigungseffekt usw. erheben VALDISPERT® zum wunderbar wirkenden Mittel. Der Text wendet sich in der Beschreibung zunächst an den erwachsenen Leser; schließlich aber wird die unbedenkliche Einnahme für nervöse, zappelige und essensunlustige Kinder nahegelegt. Damit drängt sich der Eindruck auf, daß der Entspannungswunsch der Eltern durch eine medikamentöse Ruhigstellung der Kinder erfüllt werden soll. Wir meinen: Lieber lärmende Kinder als lähmende Tabletten.

Pillen für den Störenfried

Im Falle von GLUTIAGIL® mag es ein, wenn auch makabrer Trost sein, zu wissen, daß eine klinische Wirksamkeit auf geistige Leistungskraft, Gedächtnis und Merkfähigkeit nicht nachgewiesen ist. Wie auf viele andere Medikamente, vor allem Vitaminpräparate, kann man auch auf dieses verzichten, sofern man (wie in unserem Lande üblich) sich ausgewogen ernährt. Vitamine im Übermaß sind jedoch keisneswegs ganz unbedenklich. Das Bundesgesundheitsamt wies erst Anfang 1986 auf gesundheitsschädigende Nebenwirkungen verschiedener Vitamine bei zu hoher Dosierung hin. Konkret genannt wurden Vitamin A, B, B6, B12 und C.

Noch deutlicher aber wird die Gefahr bei einem so potenten Neuroleptikum wie DOGMATIL®, das über eine erhebliche Palette möglicher Nebenwirkungen verfügt. Diese chemische Sonne für Kinder wird dennoch oft leichtfertig verschrieben. Aber das ist nur eine Spitze des Psychopharmaka-Bergs.

In der Bundesrepublik werden Kindern bis zu zwölf Jahren jährlich etwa eine Million mal Psychopharmaka verordnet, das sind 15,4 % aller Verschreibungen (arznei-telegramm 4, 1984, 29). Nach einer Veröffentlichung der Bundeszentrale für Gesundheitliche Aufklärung sind über ein Drittel der Eltern in der Bundesrepublik bereit, Schulschwierigkeiten ihrer Kinder mit Medikamenten zu behandeln. Dabei wird in dem von Reinhard Voss herausgegebenen Buch „Pillen für den Störenfried" auf die wissenschaftliche Unhaltbarkeit und die gesundheitspolitische Gefahr hingewiesen, wenn Verhaltensauffälligkeiten von Kindern allzu schnell als krank und medikamentenbedürftig diagnostiziert und stigmatisiert werden. Es wird offensichtlich, daß der Druck der Leistungsgesellschaft an die Kinder und Jugendlichen weitergegeben wird. Die Anpassung an gesellschaftliche Erwartungen soll mit der Pille erzwungen werden; bei Symptomen wie Schlafstörungen, Bettnässen oder Angstzuständen wird kaum noch nach Ursachen in Familie, Kindergarten oder Schule geforscht. Für psychologische oder psychotherapeutische Hilfen fehlen Zeit und Verständnis. Ebenso fehlt auf ärztlicher wie auf elterlicher Seite die Einsicht, daß psychologische bzw. psychotherapeutische Hilfe dem Kind weitaus nachhaltiger dienen würde als ein unspezifisch wirksames Medikament.

Egal ob Vitaminpräparat oder Psychopharmakon dem Kind eingeflößt wird, in jedem Fall wird die Disposition zu einer Drogenkarriere gefördert. Das Kind lernt nicht, den Zusammenhang zwischen Situationsbewältigung und eigener Leistung zu erkennen. Vielmehr wird der persönliche Erfolg der Pillenwirkung zugeschrieben, der Mißerfolg entsprechend einem Zuwenig an Pillen. Wenn in späteren Lebenskrisen zu schlimmeren Drogen gegriffen wird, so wurde hier der Weg geebnet.

Ein Fall für . . .

Ratlos stehen Eltern und Lehrer den besorgniserregenden Verhaltensänderungen der Schulkinder gegenüber. In ihrer Hilflosigkeit wenden sie sich an den Arzt. Dieser weiß Rat: Entsprechend dem Werbetext ergibt sich für ihn aus den geschilderten Symptomen die unbedenkliche Indikation für eine medikamentöse Behandlung.
Warum lassen die Leistungen nach? Warum zieht der Sohn sich zurück, und in welche Phantasien flüchtet er sich? Vor wem hat er Angst und wovor hat er Hemmungen? Worüber ist er traurig und bedrückt?
Alle diese Fragen erübrigen sich dank DOGMATIL®. Die betroffenen Eltern, Lehrer, Ärzte sind entlastet vom schwierigen Bemühen um Verständnis des Kindes.
Bei alledem soll auch noch bedacht sein, daß DOGMATIL® zu Begleitwirkungen führen kann, die ihrerseits die größten Probleme nach sich ziehen können, diese werden aber kleinstgedruckt wiedergegeben: Sexuelle Stimulation, Transpiration, Allergien, Mundtrockenheit, Übelkeit, Sehstörungen, erniedrigter Blutdruck, Erregungszustände, Bewegungsstörungen, Parkinson-Syndrom (Lähmungen,Zittern), Einschlafstörungen, Gewichtszunahme, übermäßige Speichelsekretion.

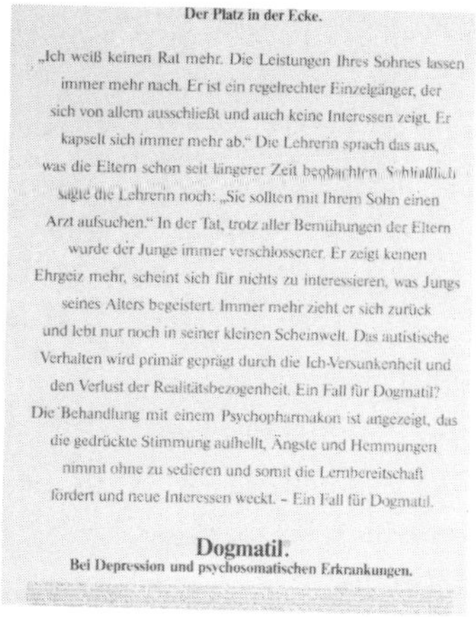

. . . und die anderen Fälle, in denen DOGMATIL® helfen soll.

Hermann Thürme

Geduld, Geduld! – Der Pille-Mann

Kommt jetzt die Pille für den Mann? Weit gefehlt! Hier wird lediglich der männliche Leser als verlängerter Arm der Werbung benutzt. Seine Mitverantwortung für die Empfängnisverhütung beschränkt sich auf die Propaganda des empfohlenen Präparates und eine Zeitspanne von zehn Minuten, in welcher der Mann seiner Partnerin diese Pille anempfehlen soll. Wörtlich: Aber diese Zeit sollten Sie für Ihre Partnerin übrig haben.

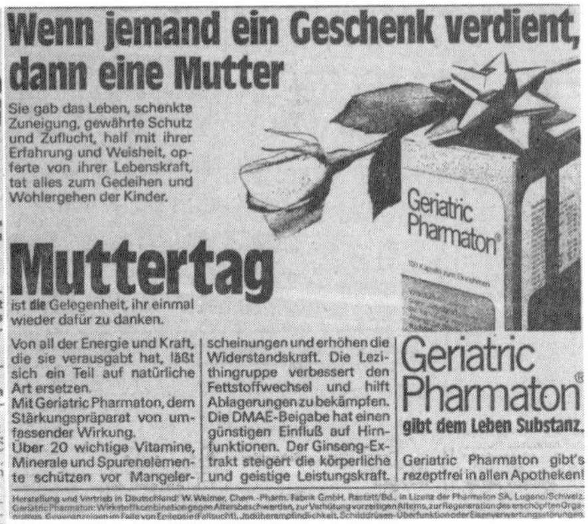

Die Geschenkidee

Endlich eine neue Geschenkidee! Wirklich etwas Besonderes: Neben den wärmenden Wollsocken, der Langspielplatte und der Flasche Parfum liegt nun auch ein Arzneimittel auf dem weihnachtlichen Gabentisch. Auch über dieses Geschenk der Liebe wird sich der Beschenkte freuen. Und er wird es schlucken (schlucken müssen?). Ein gut gemeintes Geschenk, das viel verspricht: Liebe, Leistung, Gesundheit und langes Leben.

Hier bedient sich die Werbung verschiedener geschickter Strategien: Zunächst wird der Käufer als Mediator in die nahezu allmächtige Lage versetzt, Gesundheit in greifbarer Form, nämlich als Pille, verschenken zu können; das ist nicht nur eine besondere Weihnachtsüberraschung, sondern es entlastet den Schenkenden auch von weiteren sozialen Verpflichtungen.

Schließlich sind beide gemeinsam, Schenkender wie Beschenkter, einer Ideologie der käuflichen Gesundheit und des langen Lebens erlegen. Dieser Irrglaube wird bei weihnachtlichem Kerzenschein oder bei anderer Gelegenheit festlich besiegelt.

Womit erfreue ich meine Lieben zu Weihnachten?

Foto: a m w

Foto: Robert Holder

Für kostbare Geschenke fehlt mir einfach das Geld, klagt manch einer und meint, ihm sei – wenn er daran denke – das Weihnachtsfest schon fast verdorben.

Müssen Geschenke kostbar sein? Macht man mit überlegten Kleinigkeiten nicht viel mehr Freude?

Wie wär es, wenn Sie sich darüber einmal mit Ihrem Apotheker unterhalten. In der Apotheke bekommen Sie viele nützliche Kleinigkeiten, die im weitesten Sinne der Gesundheit dienen und bestimmt Freude bereiten.

Warum nur Gesundheit wünschen, man kann sie doch auch verschenken!

Der Stoff, aus dem die Jugend stammt?

Dank der Pharmaforschung wurde endlich das Elixir des ewigen Lebens gefunden, so suggeriert die Pharmawerbung. Doch es handelt sich um eine Pharma-Ente, um eine Werbelüge, die mit Entsetzen Scherz treibt und dem unvermeidlichen Altern des Menschen die Würde raubt. So wie Kinder und Jugendliche schnell und bequem den Erfordernissen unserer Industriekultur angepaßt werden sollen, so wenig soll es den Alten gestattet sein, sich von diesen Leistungsnormen durch den natürlichen Alterungsprozess nach und nach zu entziehen.

Zur „Steigerung der Leistungsfähigkeit“, „Gegen vorzeitige Altersbeschwerden“, „zur Erhaltung der Spannkraft“, „Gegen Streß und Altern“, „Biologisch jung bleiben“ lauten die Versprechungen der Geriatrika-Anbieter. Jedoch: Gegen das Alter hilft keine Pille. Mit Medikamenten läßt sich die natürliche Spanne nicht verlängern, denn das Altern ist Ausdruck eines

Hermann Thürme

genetischen Programms, und die Länge des Lebens ist vor allem erblich bedingt.

Eine Untersuchung der Stiftung Warentest 1984 beurteilte 20 der gängigsten Stärkungsmittel und Geriatrika bezogen auf Anwendungsansprüche, Werbeaussagen und Einnahme. 14 der Präparate erhalten die Beurteilung „wenig sinnvoll“, für die weiteren sechs lautet die Beurteilung „nicht sinnvoll“. Das Resümee: „Keines der hier beschriebenen Arzneimittel konnte in Bezug auf die vom Hersteller beanspruchten Anwendungsgebiete einen objektivierbaren therapeutischen Nutzen nachweisen.“

Wenn schon die objektiven Beweise fehlen, so mag der subjektive Glaube vielleicht Berge versetzen. Nicht selten tritt die Wirkung eines Medikaments bekanntlich allein darum ein, weil der Patient daran glaubt. So wird denn bis ins Alter die Drogenideologie bewahrt. Dagegen tritt der Gedanke an die hohen Kosten und mögliche Gesundheitsrisiken ganz in den Hintergrund.

Zufällig geraten diese beiden Anzeigen in einer populären Illustrierten nebeneinander. Doch der Zufall ist nur scheinbar, denn es entspricht exakt der Wirklichkeit der Werbewelt, dem Konsumenten jugendliche Schönheitsideale aufzudrängen. Älterwerden, Altsein hat hier ausschließlich negative Bedeutung. Es heißt, biologisch jung bleiben, das sei die BIONORM®.

Mediatoren

Eine häufig angewandte Methode der Pharmawerbung ist es, den Zugang zum Patienten über die Zwischenschaltung einer Vertrauensperson zu erreichen. Bei den rezeptfreien Medikamenten sind es häufig die Ehefrau, eine gute Freundin, die Eltern usw., die den Kranken eine Pille als Hilfe anbieten.

Die Werbung kommt mit zwei Schritten zum Ziel: Zum einen schlüpft die Frau als Mediatorin in die Rolle des ratwissenden Helfers und ist damit zugleich persönlich entlastet, zum anderen wird der Mann sich diesem liebevollen Angebot seiner Partnerin kaum entziehen können.

„Heute sind meine Kopfschmerzen besonders schlimm."
„Hier, versuch es doch mal..."
„... mit der neuen Schmerzkapsel Momentum. Die hilft schnell."
„Schlägt die mir auch nicht auf den Magen?"
„Nein. Denn die neuen Momentum-Kapseln enthalten einen hochwirksamen und gleichzeitig besonders magenfreundlichen Wirkstoff gegen Kopfschmerzen."
MOMENTUM
„Dann werden mir deine neuen Momentum-Schmerzkapseln bestimmt schnell helfen."

„Kannst du mir eine Kopfschmerztablette auflösen?"
„Auflösen? Nicht mehr nötig, ich geb' dir mal ein neues Mittel..."
„... die Schmerzkapsel Momentum. Die hilft schnell."
„Schlägt die mir auch nicht auf den Magen?"
„Nein. Denn die neuen Momentum-Kapseln enthalten einen hochwirksamen und gleichzeitig besonders magenfreundlichen Wirkstoff gegen Kopfschmerzen."
MOMENTUM
„Dann werden mir deine neuen Momentum-Schmerzkapseln bestimmt schnell helfen."
Die Momentum-Kapsel: Bekämpft den Kopfschmerz. Schont den Magen.
Momentum bei Kopf- und Zahnschmerzen, Monatsbeschwerden, Neuralgien, fieberhaften Erkältungskrankheiten. Nicht anwenden bei Glucose-6-Phosphat-Dehydrogenase-
Mangel, schweren Nierenfunktionsstörungen, Paracetamolüberempfindlichkeit, Schwangerschaft. In der angegebenen Dosierung keine Nebenwirkung. Nur bei Überdosie-
rung schwere Leberschäden möglich. Nieren-Leber-Funktion und Blutbildkontrolle bei langfristiger Anwendung. Bei längerer Anwendung oder höherer Dosierung Arzt befragen.

Bilderserien

Möglichst viele sollen angesprochen werden und zwar in einer möglichst persönlichen Weise. Bilderserien von verschiedenen Menschen in unterschiedlichen Altersgruppen und Lebenslagen sollen die Universalität der Mittel herausstellen. Der Betrachter soll sich in einer ihm ähnlichen Person auf dem Foto wiederfinden. Suggestiv wird eine Identifikation bewirkt, die dann das propagierte Verhalten nach sich zieht. Die bekannte Werbestrategie des Spirituosenherstellers Mast (Jägermeister: „Die 333. von allen . . .") und anderer Alkoholproduzenten, ist, wie man sieht, auch in der Pharma-Branche beliebt.

Schon aus umsatzorientierten Motiven wird er wohl mit einem Rat nicht auf sich warten lassen. Jedoch: Mancher Rat wird zu teuer erkauft.

Das Druckfehlerteufelchen hat sich hier eine echte Freud'sche Fehlleistung erlaubt. Denn ist es nicht eigentlich so: Wenn sie Kopfschmerzen hat, ist er nicht zufrieden! Nein, vielmehr: Wenn er nicht zufrieden ist, hat sie Kopfschmerzen! Jedenfalls haben die Kopfschmerzen hier etwas mit dem anderen zu tun und in diesem Zusammenhang müssen sie auch behandelt werden. Vielleicht redet ihr einmal miteinander!

Vom Edelmut des Arztes

Verschreibungspraxis und Image

Es ist das Ziel der Pharmawerbung, den Absatzmarkt für Arzneimittel zu sichern und auszuweiten. Da fast drei Viertel des Arzneimittelumsatzes in den Apotheken mit rezeptpflichtigen Arzneimitteln erzielt werden, ist der verschreibende Arzt der wichtigste Bündnispartner für die Pharmakonzerne. Mit gewaltigen Werbeanstrengungen bemüht sich die Industrie, den Arzt davon zu überzeugen, daß die medikamentöse Therapie in jedem Fall die vorrangige sei. Dem Primat der Pharmakotherapie wird gewiß auch durch das Medizinstudium, durch die Organisation des Gesundheitswesens und nicht zuletzt durch die Erwartung der Patienten selbst Vorschub geleistet. In der Öffentlichkeit werden jedoch zunehmend auch Zweifel und Kritik laut. Häufig haben eigene leidvolle Erfahrungen mit

ärztlich verordneten Medikamenten das Vertrauen des Patienten erschüttert. Wo aber Zweifel an der Vertrauenswürdigkeit des Arztes aufkommen, sieht die Industrie auch ihre Belange gefährdet. Nur ein gutes Image des Arztes kann Garant dafür sein, daß er als Autorität im Bereich Gesundheit anerkannt wird. Nur dann werden ihn die Patienten überhaupt aufsuchen, bzw. seinen Medikationsempfehlungen Folge leisten.

Die Pharmahersteller stützen das ärztliche Image in zwei Richtungen. Zum einen steigern sie das Selbstwertgefühl des Arztes durch eine schmeichlerische Ansprache über Werbeanzeigen und Informationsveranstaltungen. Letztere sind – insbesondere in Gestalt „wissenschaftlicher Symposien" in reizvollen Urlaubsorten — etwa Kreta, Rio, Singapur – bei der Ärzteschaft besonders beliebt, zumal die Reisekosten meist auch noch für die Gattin mitgetragen werden. Die Maßnahmen der Pharmaindustrie erschöpfen sich freilich nicht hierin, sondern werden durch Geschenke, Gala-Diners, Urlaubsangebote usw. unterstützt.

Zum anderen versucht die Pharmaindustrie über Werbung in der Laienpresse, das Image ihres wichtigsten Verkaufsträgers wieder aufzupolieren. Unterstützt wird dies durch massive Eigenpropaganda, in der die Pharmaunternehmen sich als Vorreiter von Humanität und Fortschritt darstellen.

Die bedingungslose Bevorzugung der Pharmakotherapie ist der Kern der ideologischen Aussage. Prävention, alternative ganzheitliche und psychologische Therapieansätze, gesellschaftliche Ursachenforschung kommen nur am Rande und in aller Regel mit negativem Tenor zur Sprache.

Erfahrung und . . .

Erfahrung und JELLIN®. Wer wird da widersprechen? Aber die Werbung vermittelt ungewollt noch etwas anderes. Hier wird die übliche „Verschreibungspraxis“ als gute Erfahrung verkauft: Der Hautpatient, ein kleiner ängstlicher Junge, wird durch einen großen Schreibtisch auf Distanz gehalten: Ein Aussätziger? Der Arzt nimmt den Rezeptblock zur Hand: JELLIN®. Der Nächste bitte! Wird hier nicht einer Drei-Minuten-Medizin das Wort geredet ?
Das Rezeptieren wird ganz nach dem Wunsch der Pharmaindustrie zur wesentlichen Tätigkeit des Arztes. Gezielt lenkt die Werbung hierauf das Augenmerk.

Das Gewissen

Das Gewissen eines Arztes (oder einer Ärztin) konkretisiert sich bildhaft im sympathie- und hoffnungsvollen Blick auf das Injektionsbesteck. Die Essenz von Wissen und Gewissen befinde sich – so wird suggeriert – als Arzneimittel in der aufgezogenen Spritze.
Das Insistieren auf der Allmacht von Ärzten und Medikamenten ist jedoch mehr als fragwürdig. Und wenn wir uns den Inhalt medizinischer Gazetten anschauen, werden die Zweifel genährt. Das Deutsche Ärzteblatt, in welchem und für welches hier geworben wird, wird 170000 Ärztekammermitgliedern kostenlos zugestellt (Werbespruch: Neun von zehn Ärzten lesen das Deutsche Ärzteblatt). Wie bei den meisten medizinischen Zeitschriften — von wenigen rühmlichen Ausnahmen abgesehen — entfällt ein Großteil des Umsatzes auf Anzeigen. Wie unabhängig mögen die Redaktionen sein, die überwiegend aus den Geldern des Pharmamarketings finanziert werden? Der Arzneikritik werden auf dem Hintergrund der Existenzsicherung der Zeitschrift Grenzen durch Arzneimittelwerbung gesetzt sein! Grenzen auch des Wissens und des Gewissens! Hier schließt sich der Kreis.

Therapeutischer Nihilismus nützt niemandem

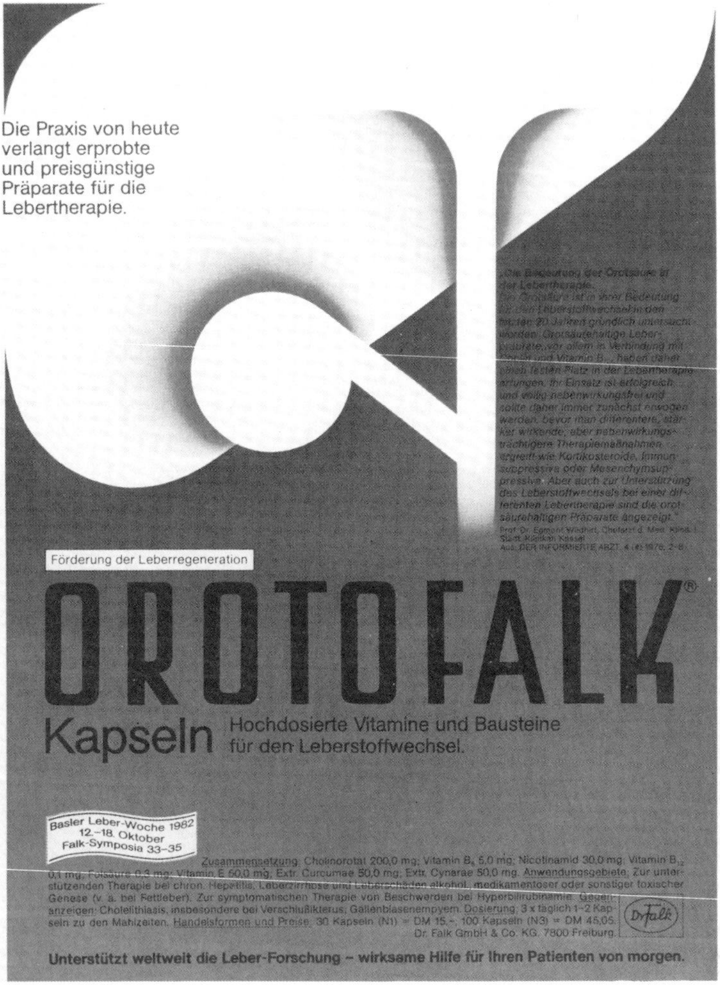

Nihilismus und Ethik

„Therapeutischer Nihilismus" schadet vor allem dem Profit der Pharmaindustrie! Ist der Arzt, welcher eine medikamentöse Behandlung nicht für sinnvoll hält, als Nihilist anzusehen? Ist andererseits die Medikamentenverordnung an sich eine ethische Handlung? Allzu deutlich verbirgt sich hinter dem moralischen Appell das Interesse der Industrie, den Arzt als zuverlässigen Geschäftspartner zu gewinnen.

Von der Ethik, ein pharmazeutisches Präparat zu verordnen.

Die Ethik (griech. ethos: Sitte, Brauch) wird meist unter zwei zentralen Aspekten betrachtet.

Zum ersten: Die *Gesinnung*, aus der wir handeln.

Zum zweiten: Die *Wirkung*, die wir mit unserem Handeln erzielen.

Unter diesen beiden Aspekten ist die medikamentöse ärztliche Therapie eine ethische Handlung.

Zum ersten: Natürlich entscheidet sich der Arzt aus seiner *Grundhaltung* („Ethos") heraus für die therapeutischen Maßnahmen, die am besten geeignet erscheinen, ein Leiden zu heilen oder wenigstens zu lindern.

Zum zweiten: Die *Wirkung*, die Sie damit erzielen, ist zuallererst der zufriedene, erfolgreich behandelte und deshalb meist auch dankbare Patient.

Des weiteren unterstützen Sie mit Ihrer Entscheidung für das bestmögliche Präparat den Erfolg Ihrer Partner in der forschenden pharmazeutischen Industrie: Weil deren permanente Innovationskraft Sie in die Lage versetzt, weiterhin und jederzeit aus Ihrer ethischen Grundhaltung heraus therapeutisch erfolgreich vorgehen zu können.

Denn Gesinnung und Wirkung stehen meist in einem inneren Zusammenhang.

Warum wohl hat MSD Sharp & Dohme neben Amuno®
noch Amuno® Retard entwickelt?

MSD
SHARP & DOHME

MSD und Amuno.
Dieser Fortschritt geht weiter.

Hämorrhoidalleiden
Von allen
kortikoidfreien
Antihämorrhoidalia
ist
Faktu®
die
Nr. 1
nach Verordnungen
niedergelassener Ärzte
Faktu wirkt:
hämostyptisch
reepithelisierend
adstringierend
bakterizid
TOSSE Pharmazeutika · 2000 Hamburg 70
vorher
nachher
vorher
nachher
vorher

Wenn man voll „abfahren“ will, darf Halsschmerz nicht bremsen.
frubienzym. Die Nr. 1 der Halsmedizin.
Das meistverwendete Halsschmerzmittel
Jetzt ist die Jahreszeit, in der körpereigene Abwehrsysteme anfälliger sind. Ansteckungen und bakterielle Entzündungen der Atemwege können Sie nicht völlig vermeiden. Aber Sie können schnell und schonend etwas dagegen tun: frubienzym.
frubienzym hat die Doppelwirkung gegen Bakterien und gegen Entzündungen in Mund, Rachen und Hals. Dieser schonenden Wirkung schenken besonders viele Menschen ihr Vertrauen. Deshalb ist frubienzym Deutschlands Nr. 1 – das meistverwendete Halsschmerzmittel.
frubienzym befreit von Halsschmerzen: schnell und schonend.
frubienzym Halsschmerz-Tabletten sind zur symptomatischen Behandlung infektiöser und entzündlicher Erkrankungen im Mund-, Rachen- und Halsbereich: gegen Rötungen, Schwellungen und Halsschmerzen, zum Beispiel bei Rachen- und Mandelentzündungen. Nebenwirkungen sind auch bei höherer Dosierung nicht bekannt. Nur bei Überempfindlichkeit gegen Hühnereiweiß sollten Sie frubienzym Halsschmerz-Tabletten nicht nehmen.
Dieckmann Arzneimittel Bielefeld
frubienzym, die Halsmedizin, die Sie nur in Apotheken erhalten.
frubienzym HALSSCHMERZ-TABLETTEN
20 Tabletten

Vertrauensfördernde Maßnahmen

Im Händedruck werden traditionell Dankbarkeit und Vertrauen ausgedrückt. Doch ein solch harmonisches Arzt-Patient-Verhältnis gründet sich hier allein auf die Arzneimittelverschreibung. Nur vordergründig geht es um das Vertrauen zwischen Arzt und Patient. Tatsächlich erschleicht sich die Pharmaindustrie das Vertrauen des Arztes mit dem formalen Hinweis auf ein zehnjähriges Jubiläum.

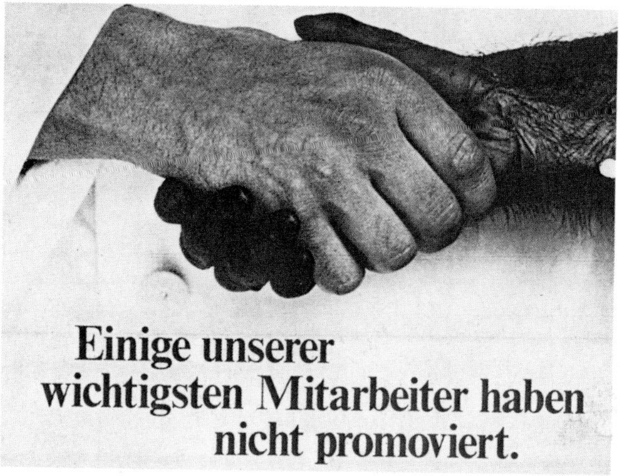
Einige unserer
wichtigsten Mitarbeiter haben
nicht promoviert.

start
Das Magazin von Hoechst für junge Ärzte
2. Jahrgang Nr. 3/83

Halbgott in Weiß

Zwei Beispiele für die werbepsychologische Stilisierung des Arztbildes. Vermittelt über das Medikament wird der Arzt zum ständig Schutz bietenden Wegbegleiter des Herzkranken. Bildlich wird er zum Schutzengel verklärt.
Und schließlich avanciert der Arzt vom Schutzengel zum Lebensspender! Das biblische Motiv – Die Beseelung Adams auf dem Fresko von Michelangelo – erhöht den Arzt zum göttlichen Schöpfer.

Ihr KHK-Patient
möchte immer beschützt sein
elantan®
schonende Dauertherapie Mononitrat
NEU
von Pharma-Schwarz
Wegbereiter
für den koronaren Dauerschutz
Wegbegleiter
für das entlastete Herz
Zusammensetzung: 1 Tablette enthält Isosorbid-5-Mononitrat 20 mg bzw. 40 mg. Indikationen: ● Dauerbehandlung der Koronaren Herzkrankheit (KHK) ● Vorbeugung von Angina pectoris-Anfällen – auch im Frühstadium der Koronaren Herzkrankheit – ● Nachbehandlung des Myokardinfarktes. Gegenanzeigen: Akuter Myokardinfarkt mit niedrigen Füllungsdrücken; ausgeprägte Hypotonie; Schock. Bei Schwangerschaft nur auf ausdrückliche Anweisung. Nebenwirkungen: Nach Isosorbid-5-Mononitrat kann bei empfindlichen Patienten der sog. „Nitratkopfschmerz" auftreten, wie dies von allen anderen Nitroverbindungen her bekannt ist. Es empfiehlt sich, mit einer einschleichenden Dosierung zu beginnen (2-3 x 1/2 Tablette/die) und die Behandlung konsequent fortzusetzen, um diesen Kopfschmerz ggf. zu vermeiden bzw. zu überwinden. Bei erstmaliger Einnahme besteht die Möglichkeit eines Blutdruckabfalls bzw. eines Gefäßkollapses.
Dosierung: Zur Langzeittherapie werden 2-3 x 1 Tablette nach den Mahlzeiten verabreicht. Im Bedarfsfall auch höhere Dosen. Hinweis: Gleichzeitiger Alkoholgenuß kann zu Hypotonie und somit einer Verminderung des Reaktionsvermögens führen. Packungsgrößen und Preise: ELANTAN 20 20 Tabletten DM 14,25; 50 Tabletten DM 31,50; 100 Tabletten DM 58,35 inkl. MwSt. ELANTAN 40 20 Tabletten DM 23,15; 50 Tabletten DM 49,30; 100 Tabletten DM 91,80 inkl. MwSt., Klinikpackungen. Stand: April 82
HERZ-KREISLAUF-SPEZIALIST
PHARMA SCHWARZ

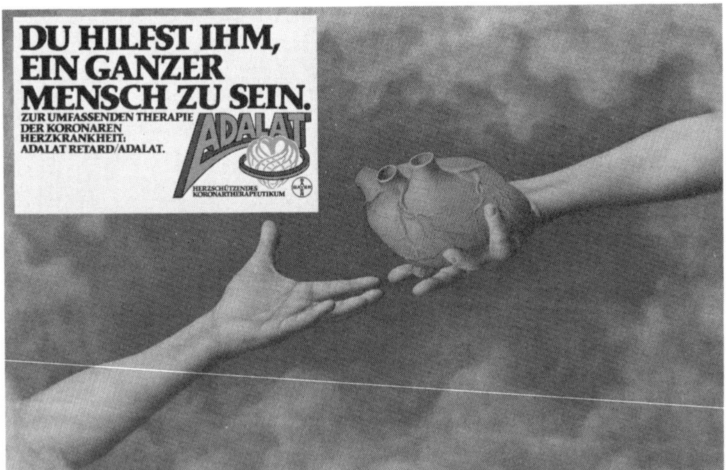
DU HILFST IHM,
EIN GANZER
MENSCH ZU SEIN.
ZUR UMFASSENDEN THERAPIE
DER KORONAREN
HERZKRANKHEIT:
ADALAT RETARD/ADALAT.
ADALAT
HERZSCHÜTZENDES
KORONARTHERAPEUTIKUM
BAYER

Panikmacher

Eine doppelseitige Anzeige (Kosten schätzungsweise 20 000 DM) von vier Pharmakonzernen, die zu den 20 Großen der deutschen Pharmaindustrie gehören.

Originalton: „Diese Anzeige ist Teil einer breit angelegten Aufklärungskampagne. Es ist ein weiterer kommunikativer Beitrag von forschenden Unternehmen, um zur Versachlichung der Diskussion beizutragen."

Man lese selbst und bedenke, daß sich der Text an Akademiker (Ärzte) richtet, und frage sich, wo hier die Aufklärung, der kommunikative Beitrag, die Versachlichung der Diskussion zu finden sind. Es ist genau das, was die Konzerne weit von sich weisen: eine polemische Retourkutsche ohne stichhaltige Argumente.

Das merkantile Gebaren der großen Pharmakonzerne sowie das nicht kostenorientierte Verschreibungsverhalten vieler Ärzte führen in eine gesundheitsökonomische Krise, die auch eine der Wirtschaft nahestehende Regierung zum Eingreifen zwingt. In einer liberalen Wirtschaftsordnung sollte es möglich sein, daß jemand, der eine preisgünstige Ware anbietet, im Wettbewerb Vorteile genießt. Das ist in anderen Wirtschaftsbereichen, in denen genauso geforscht werden muß, selbstverständlich. Und natürlich wird sich auch die bessere Qualität besser verkaufen, wenn sie dies ausweisen kann. Doch die zum größten Teil nur vorgeblich forschende Pharmaindustrie –

bestenfalls betrifft das in der Bundesrepublik 17 Firmen – möchte in einer Art von Wettbewerbsoase ihre Produkte mit Sondervorteilen anbieten, angefangen vom Hochpreis bis hin zu einem immer weiter verschärften Patentrecht.

Politik und Poesie

Mit Poesie und Humor – frei nach Wilhelm Busch – wird Sympathie für das neue Medikament geweckt. Und wie Reim und Karikatur anschaulich machen, werden gleich mehrere Fliegen mit einer Klappe geschlagen: Nicht nur Schnupfen und Husten, sondern zugleich Ökonomie und Politik. Ein Versuch der Industrie, sich gemeinsam mit den Ärzten gegen eine neue gesundheitspolitische Tendenz zu verbünden. Durch die sogenannten Negativlisten, die als Folge des Krankenversicherungs-Kostendämpfungsgesetzes (KVKG) vom 1. Juli 1977 entwickelt wurden, haben sich die Krankenkassen der Arzneikosten für sogenannte Bagatellkrankheiten zu entledigen. So oder so – bezahlen muß letztlich der Patient, bisher über den Versicherungsbeitrag, jetzt über die höhere Selbstbeteiligung. Allerdings befürchten Teile der Ärzteschaft und Pharmaindustrie, daß ein erhöhtes Preisbewußtsein sowie weniger Arztbesuche empfindliche Profiteinbußen bringen könnte.

Doktorspiele

In der Öffentlichkeit ist der Arzt zunehmender Kritik ausgesetzt. Das ärztliche Tun wird immer wieder als zu teuer, zu oberflächlich und als patientenfern beschrieben. In der Imagekrise des Berufsstandes macht sich die Pharmaindustrie zum Anwalt der Ärzte. Aus der Klage vieler Patienten, daß ihr Arzt zu wenig Zeit für sie habe, formuliert das Pharmawerk Nordmark eine Frage, auf deren Beantwortung der Leser gespannt ist. Das gestellte Foto soll klarmachen: Der mit der jungen Patientin väterlich spielende Doktor hat Zeit!
Im Antworttext stellt diese individuelle Idylle gewissermaßen als den Normalfall hin, und die Leistungen des Arztes werden würdigend hervorgehoben. Erst bei kritischer Analyse ergeben sich entlarvende Widersprüche: Wieviel blindes Vertrauen verdient die Tätigkeit eines Arztes, der 70 Stunden in der Woche arbeitet, und wieviel Zeit hat wohl ein niedergelassener Arzt für den einzelnen, wenn er am Tag bis zu 80 Patienten behandelt? Ob hier ein Pharmawerk dem Berufsstand nicht einen Bärendienst erweist?

Pharmaunternehmen ergreift Partei für Ärzte

„Die zunehmende Arztkritik in den Medien belastet das Vertrauensverhältnis zwischen Arzt und Patient und kann zu einer weitgehenden Verunsicherung des Patienten führen. Ein bekannter Pharmahersteller Deutschlands, die Nordmark-Werke Hamburg, hat jetzt in einer Kampagne unter der Überschrift ‚Der Arzt – ohne ihn sind Medikamente nur die Hälfte wert' in bedeutenden deutschen Publikumszeitschriften begonnen, sich mit den Vorwürfen gegen den Arzt auseinderzusetzen und sie zu korrigieren."

Soweit der Werbetext der Nordmark-Werke, die endlich Schützenhilfe leisten für den scheinbar so ungerecht behandelten Ärztestand. Freilich, in der Werbekampagne greifen die Nordmark-Werber undifferenzierte, weit verbreitete Vorurteile auf. Die angesprochenen Erfahrungen sind in der Tat beklagenswert: „Die Ärzte haben keine Zeit für den Patienten", „Das Wissen unserer Ärzte ist überholt", „Deutsche Ärzte sind nur Pillenmediziner", „Der Fortschritt führt zur Apparatemedizin", „Ärzte sind nur am Geld interessiert". In all diesen verallgemeinernden Vorurteilen steckt mehr als ein Körnchen Wahrheit. Es trägt wenig zu einer konstruktiven Diskussion über das Gesundheitswesen bei, wenn diese Vorurteile durch schönfärberische Imagepolitur zurückgewiesen werden. Und schließlich wäre die gesamte Werbekampagne überflüssig, wenn das Zusammenwirken von Arzt und Patient als für beide zufriedenstellend erlebt würde. Was also soll die Kampagne? Das Werbemotto: „Der Arzt, ohne ihn sind Medikamente nur die Hälfte wert" beantwortet die Frage, wenn man es einmal aus der Sicht der Pharmaindustrie sieht. Für sie ist der Arzt das notwendige Mittel zur Absatzförderung.

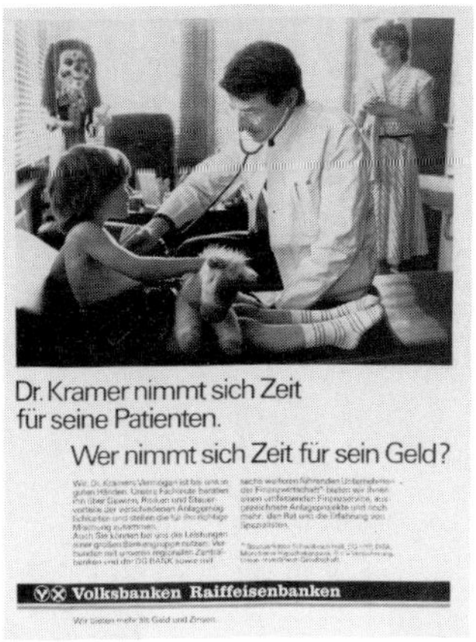
Dr. Kramer nimmt sich Zeit
für seine Patienten.
Wer nimmt sich Zeit für sein Geld?
Volksbanken Raiffeisenbanken

„So ein junger Doktor und schon
so gut ausgestattet."
Fordern Sie uns.
BfG: Die Bank für Gemeinwirtschaft.

ARZT
Dr. Braun hat sein Gold in Luxemburg.
Warum nicht hier?
Volksbanken Raiffeisenbanken

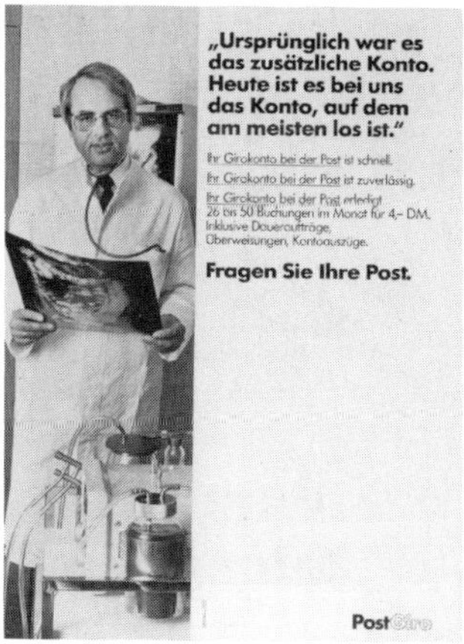
„Ursprünglich war es
das zusätzliche Konto.
Heute ist es bei uns
das Konto, auf dem
am meisten los ist."
Ihr Girokonto bei der Post ist schnell.
Ihr Girokonto bei der Post ist zuverlässig.
Ihr Girokonto bei der Post erledigt
26 bis 50 Buchungen im Monat für 4,– DM.
Inklusive Daueraufträge,
Überweisungen, Kontoauszüge.
Fragen Sie Ihre Post.
PostGiro

„Endlich Positives über uns Ärzte."

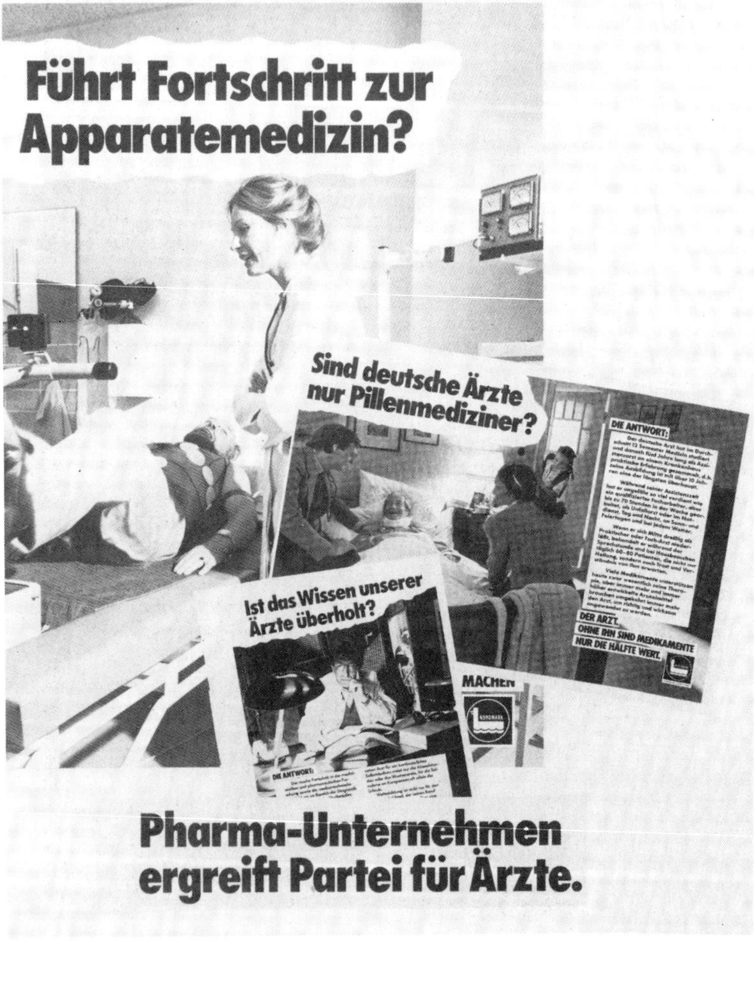

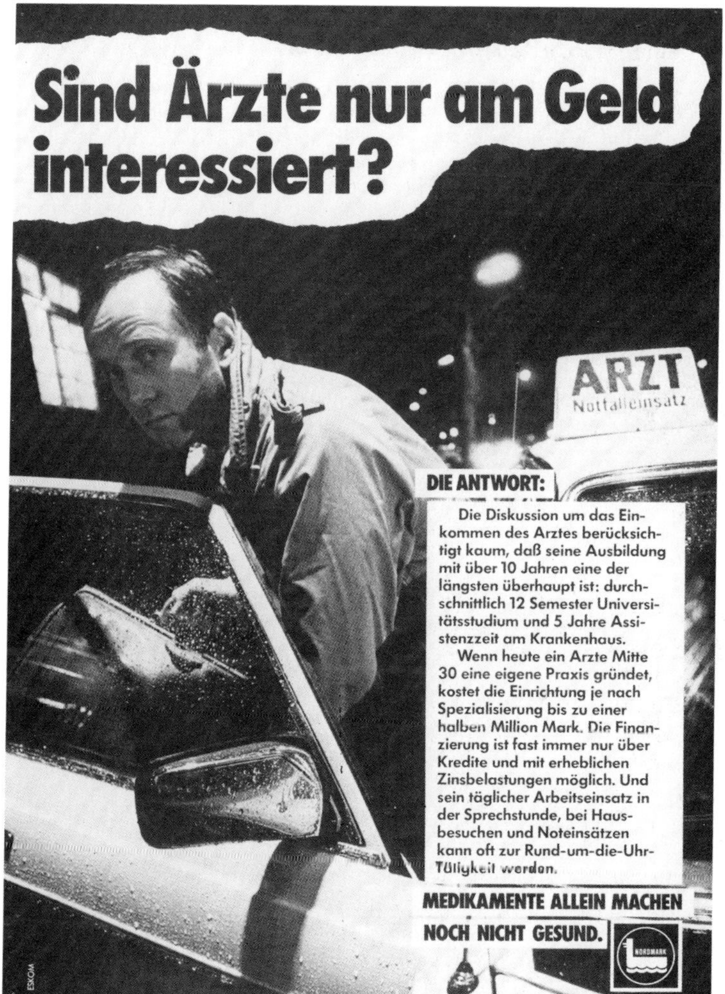
Sind Ärzte nur am Geld interessiert?
ARZT
Notfalleinsatz
DIE ANTWORT:
Die Diskussion um das Einkommen des Arztes berücksichtigt kaum, daß seine Ausbildung mit über 10 Jahren eine der längsten überhaupt ist: durchschnittlich 12 Semester Universitätsstudium und 5 Jahre Assistenzzeit am Krankenhaus.
Wenn heute ein Arzte Mitte 30 eine eigene Praxis gründet, kostet die Einrichtung je nach Spezialisierung bis zu einer halben Million Mark. Die Finanzierung ist fast immer nur über Kredite und mit erheblichen Zinsbelastungen möglich. Und sein täglicher Arbeitseinsatz in der Sprechstunde, bei Hausbesuchen und Noteinsätzen kann oft zur Rund-um-die-Uhr-Tätigkeit werden.
MEDIKAMENTE ALLEIN MACHEN NOCH NICHT GESUND.
NORDMARK
ESKOM

Leben retten und Kosten sparen Millionen unter's Messer?

Die Arzneimittelanbieter sind in den letzten Jahren zunehmend bemüht, das Image ihrer Produkte in der Öffentlichkeit zu verbessern. Dabei bedient sich der Bundesverband der Pharmazeutischen Industrie mitunter auch unseriöser Werbestrategien. In demagogisch anmutender Weise wird die Angst der Menschen vor Krankheit und schmerzhafter Behandlung beschworen: „Millionen Menschen mußten unter's Messer."

Nachdem „das Messer" nun dank Pharmakotherapie weitgehend überflüssig geworden sein soll, hat der BPI noch weitere Platitüden anzubieten. Dabei macht die Industrie es natürlich allen recht: Dem Patienten, der ja nur schlucken muß, dem Chirurgen, der bestimmt nicht arbeitslos wird und der Krankenkasse, die billig davonkommt. Ungenaue und oberflächliche Sätze füllen den Text. Und alles gipfelt in der Parole von der teuren Pharmaforschung und dem unbezahlbaren Menschenleben.

Der Humanität verpflichtet scheut die Pharmaindustrie keine Kosten (auch keine Kosten für Werbekampagnen).

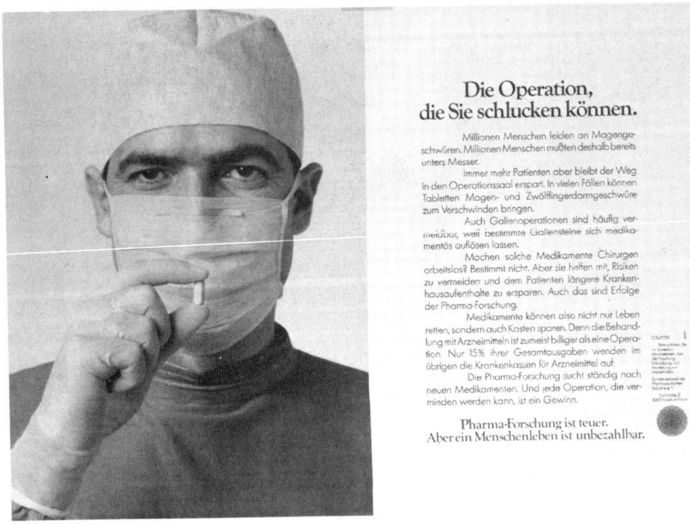

Klischee gegen Klischee. Sehen wir einmal davon ab, daß trotz „Schwarzwaldklinik" und Trivialliteratur in manchen Arztromanen mehr Wahrheit offenbart wird, als dem Standesdünkel zuträglich sein dürfte, so erkennen wir hier dennoch eine Schwarzweißmalerei, wie sie für die Nordmark-Ärzte-Imagepolitur typisch ist. Daß die Öffentlichkeit den Ärztestand mehr und mehr auch kritisch sieht, (wobei gewiß auch Klischees verbreitet werden), will der Firma nicht gefallen: Sie behauptet, „solches Denken schadet uns allen". Die Weißwäscherei von Nordmark kennt nur den Idealfall: „Der gewissenhafte Arzt, der sich Zeit nimmt für das Gespräch mit seinen Patienten, für seine

Weiterbildung, für den medizinischen Notdienst und für dringend nötige Hausbesuche". Welch listige Unterstellung, eine „Skandalpresse" wolle diesen allseits beliebten „gewissenhaften Arzt" diskreditieren. Nein, wenn es nur so wäre, wie in den meisten billigen Arztromanen Berufsethos und Idol romantisierend dargestellt werden, so wäre es Nordmark sicher recht. Wenn die Realität wirklich ein beredtes Zeugnis für Verantwortlichkeit und Gewissenhaftigkeit wäre, so gäbe es für Nordmark gar keine Veranlassung zu dieser Werbekampagne. So aber will die Industrie den Ärzten helfen, die aber sollen ihr helfen.

Die schöne Welt der Werbeträume

Tricks, Symbole, Suggestionen

Die Werbung für Medikamente bedient sich im allgemeinen der gleichen Mittel wie Waschmittelreklame, Werbung für Zigaretten oder Autoreifen usw. Das gilt gleichermaßen für das platte Niveau der inhaltlichen Aussagen.
Die Reklamebilder sollen einen symbolisch-suggestiven Zusammenhang zum Medikament herstellen. Man unterscheidet hier zwischen dem Inhalts- und dem Erlebnisaspekt der Werbung. Was der Betrachter der Anzeige hier erlebt – etwa Gefühle wie Ferienlaune, Appetit auf bestimmte Speisen, sexuelle Erregung – hat in aller Regel mit den qualitätsbestimmenden Eigenschaften des Medikaments wenig zu tun. Dies ist von den Werbestrategen beabsichtigt, denn die Assoziation einer Kopfschmerztablette mit dem Gefühl von „Freiheit“ ist natürlich ein besserer Kaufanreiz als die schlichte Aussage, das Medikament beseitige Kopfweh.
Aber auch der Inhalt, der im Anzeigentext zum Ausdruck kommt, ist häufig notdürftig, flach, verzerrend. Dr. Weiss von der Boehringer GmbH schreibt in einem Beitrag über „Arzneimittelinformation aus der Sicht des pharmazeutischen Unternehmens“ entlarvend offen: „Die in den Anzeigen vermittelte Arzneimittelinformation bringt den Extrakt vom Extrakt der Aussage zum Präparat.“ Er führt weiter aus: „Die Anzeige hat sowohl die Aufgabe, Aufmerksamkeit für Neues zu wecken, als auch an Bewährtes zu erinnern und dabei den Präparatnamen einzuprägen.“ Der Pflichttext muß lesbar sein, und auch die Abbildungen sollen im Dienste der „Anschaulichkeit“ einen eigenen Informationswert haben. Der Pflichttext aber ist

immer das Klein- oder Kleinstgedruckte und wird meist durch die Anschaulichkeit der formalen bildlichen Gestaltung in seiner ernsten Bedeutung überdeckt und verharmlost.

Werbung benutzt Symbole

Symbole stehen für weitverbreitete Vorstellungen, Werte, Phantasien und Gefühle. Diese Symbolqualitäten sollen mit dem Werbeprodukt assoziiert werden. Dabei versprechen die Symbole unterschwellig mehr als die Pille halten kann. Die folgenden Beispiele sollen dies verdeutlichen.

Der Blick auf eine heile Welt eröffnet sich durch das Fenster; die Kapsel, fast wie eine Wunderdroge, vermittelt Wohlgefühl in idyllischer Landschaft; Natur birgt Gesundheit, Ruhe, „Natürlichkeit"; die Blume symbolisiert Liebe und Geschenk; der Vogel steht für Freiheit, Unabhängigkeit. Ebenso eine kleine Feder im Wind: Sanft und unbeschwert. Ungetrübter Himmel und wildromantische Wasserlandschaft verführen zu Urlaubsstimmung. Frauenbeine, Schachspiel und Rakete symbolisieren Schönheit, Überlegenheit und Fortschritt.

Wir haben bei einigen Beispielen Werbeanzeigen aus anderen Branchen gegenübergestellt, um einmal deutlich zu machen, wie ähnlich sich die Bilder sind. Aus sonst ausweglos scheinenden Situationen helfen Psychopharmaka nach dem Motto „auf Regen folgt Sonne". Wie sich die Bilder und Slogans gleichen – egal, ob für Kräuterschnaps, Depressionslöser oder für Tranquilizer erdacht. Die „einzigartig entspannende Wirkung" des UNDERBERG-Kräuterlikörs transportiert den Konsumenten auf den Regenbogen. Das gleiche Hoffnungsprinzip benutzt die Pharmawerbung. „Ganz entspannt, mit neuer Kraft" – NORMOC®. Der Tranquilizer bildet die Basis des Regenbogens!

Das Antidepressivum ALIVAL® führte angeblich „heraus aus dem Tief – ins aktive Leben (ein makabrer Slogan, wenn man bedenkt, daß ALIVAL® vom Markt mußte, weil es Todesfälle verursacht.). Für NORMABRAIN®, das gegen Hirnfunktionsstörungen verordnet wird, werden die selben Symbolisierungen benutzt, wie für die Zigarettenmarken „Camel" oder „Marlboro": Natürlichkeit, Frische, Abenteuer, bewußtes Erleben. Durch die willkürliche Verknüpfung der vorgestellten Idylle mit dem Produkt wird dieses scheinbar zum Schlüssel für eben jene Erlebniswelt. So schön und so unbedenklich wie die Bilder erscheinen, so sollen auch die Produkte beurteilt werden.

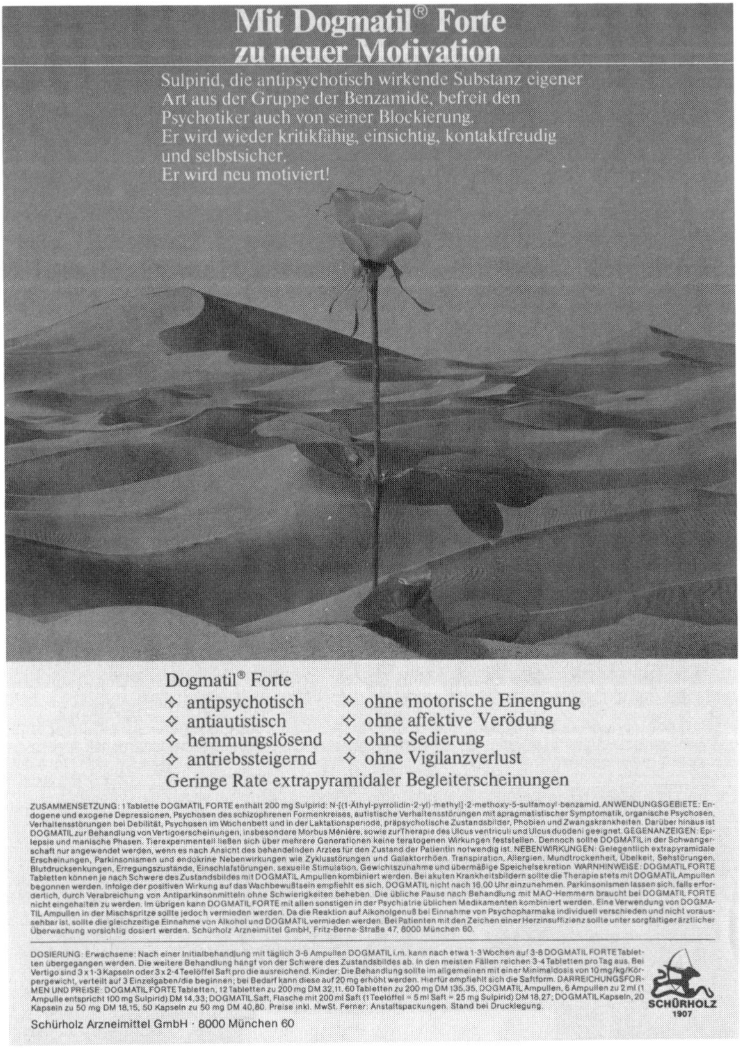
Mit Dogmatil® Forte
zu neuer Motivation
Sulpirid, die antipsychotisch wirkende Substanz eigener Art aus der Gruppe der Benzamide, befreit den Psychotiker auch von seiner Blockierung.
Er wird wieder kritikfähig, einsichtig, kontaktfreudig und selbstsicher.
Er wird neu motiviert!
Dogmatil® Forte
✧ antipsychotisch
✧ antiautistisch
✧ hemmungslösend
✧ antriebssteigernd
✧ ohne motorische Einengung
✧ ohne affektive Verödung
✧ ohne Sedierung
✧ ohne Vigilanzverlust
Geringe Rate extrapyramidaler Begleiterscheinungen
ZUSAMMENSETZUNG: 1 Tablette DOGMATIL FORTE enthält 200 mg Sulpirid: N-[(1-Äthyl-pyrrolidin-2-yl)-methyl]-2-methoxy-5-sulfamoyl-benzamid. ANWENDUNGSGEBIETE: Endogene und exogene Depressionen, Psychosen des schizophrenen Formenkreises, autistische Verhaltensstörungen mit apragmatistischer Symptomatik, organische Psychosen, Verhaltensstörungen bei Debilität, Psychosen im Wochenbett und in der Laktationsperiode, präpsychotische Zustandsbilder, Phobien und Zwangskrankheiten. Darüber hinaus ist DOGMATIL zur Behandlung von Vertigoerscheinungen, insbesondere Morbus Ménière, sowie zur Therapie des Ulcus ventriculi und Ulcus duodeni geeignet. GEGENANZEIGEN: Epilepsie und manische Phasen. Tierexperimentell ließen sich über mehrere Generationen keine teratogenen Wirkungen feststellen. Dennoch sollte DOGMATIL in der Schwangerschaft nur angewendet werden, wenn es nach Ansicht des behandelnden Arztes für den Zustand der Patientin notwendig ist. NEBENWIRKUNGEN: Gelegentlich extrapyramidale Erscheinungen, Parkinsonismen und endokrine Nebenwirkungen wie Zyklusstörungen und Galaktorrhöen. Transpiration, Allergien, Mundtrockenheit, Übelkeit, Sehstörungen, Blutdrucksenkungen, Erregungszustände, Einschlafstörungen, sexuelle Stimulation, Gewichtszunahme und übermäßige Speichelsekretion. WARNHINWEISE: DOGMATIL FORTE Tabletten können je nach Schwere des Zustandsbildes mit DOGMATIL Ampullen kombiniert werden. Bei akuten Krankheitsbildern sollte die Therapie stets mit DOGMATIL Ampullen begonnen werden. Infolge der positiven Wirkung auf das Wachbewußtsein empfiehlt es sich, DOGMATIL nicht nach 16.00 Uhr einzunehmen. Parkinsonismen lassen sich, falls erforderlich, durch Verabreichung von Antiparkinsonmitteln ohne Schwierigkeiten beheben. Die übliche Pause nach Behandlung mit MAO-Hemmern braucht bei DOGMATIL FORTE nicht eingehalten zu werden. Im übrigen kann DOGMATIL FORTE mit allen sonstigen in der Psychiatrie üblichen Medikamenten kombiniert werden. Eine Verwendung von DOGMATIL Ampullen in der Mischspritze sollte jedoch vermieden werden. Da die Reaktion auf Alkoholgenuß bei Einnahme von Psychopharmaka individuell verschieden und nicht voraussehbar ist, sollte die gleichzeitige Einnahme von Alkohol und DOGMATIL vermieden werden. Bei Patienten mit den Zeichen einer Herzinsuffizienz sollte unter sorgfältiger ärztlicher Überwachung vorsichtig dosiert werden. Schürholz Arzneimittel GmbH, Fritz-Berne-Straße 47, 8000 München 60.
DOSIERUNG: Erwachsene: Nach einer Initialbehandlung mit täglich 3-6 Ampullen DOGMATIL i.m. kann nach etwa 1-3 Wochen auf 3-8 DOGMATIL FORTE Tabletten übergegangen werden. Die weitere Behandlung hängt von der Schwere des Zustandsbildes ab. In den meisten Fällen reichen 3-4 Tabletten pro Tag aus. Bei Vertigo sind 3 x 1-3 Kapseln oder 3 x 2-4 Teelöffel Saft pro die ausreichend. Kinder: Die Behandlung sollte im allgemeinen mit einer Minimaldosis von 10 mg/kg/Körpergewicht, verteilt auf 3 Einzelgaben/die beginnen; bei Bedarf kann diese auf 20 mg erhöht werden. Hierfür empfiehlt sich die Saftform. DARREICHUNGSFORMEN UND PREISE: DOGMATIL FORTE Tabletten, 12 Tabletten zu 200 mg DM 32,11, 60 Tabletten zu 200 mg DM 135,35. DOGMATIL Ampullen, 6 Ampullen zu 2 ml (1 Ampulle entspricht 100 mg Sulpirid) DM 14,33; DOGMATIL Saft, Flasche mit 200 ml Saft (1 Teelöffel = 5 ml Saft = 25 mg Sulpirid) DM 18,27; DOGMATIL Kapseln, 20 Kapseln zu 50 mg DM 18,15, 50 Kapseln zu 50 mg DM 40,80. Preise inkl. MwSt. Ferner: Anstaltspackungen. Stand bei Drucklegung.
SCHÜRHOLZ
1907
Schürholz Arzneimittel GmbH · 8000 München 60

Der Falke
unter den
Antirheumatika
neu
Rengasil
packt den Rheuma-Schmerz schnell und kraftvoll
125 Jahre

Man sagt, er habe magische Kräfte. Bereiten Sie sich auf einen gelinden Schock vor. Denn der fast unschuldige Kräuterduft täuscht. Einmal im Mund, rüttelt Fernet-Branca an allen herkömmlichen Vorstellungen von einem Drink. Doch dann: Einmal geschluckt, besänftigt das geheimnisvolle bittere Getränk Leib und Seele. Und am Ende fasziniert sogar der unbeschreibliche Geschmack. Man sagt, er habe magische Kräfte. FERNET-BRANCA.

Cascapride®
Anhaltend beschwerde-frei
durch Synchronisierung
von Tonus, Motilität
und Sekretion.
Cascapride: Magenfriede
cascan

SILK CUT
Enjoy the gentle pleasure of Silk Cut.
The international choice in mild cigarettes.

Bei
Briserin®
Briserin® mite
stimmt
einfach
alles
Die konstante Wirkung bei guter Verträglichkeit
Die einfache Dosierung von nur 1 Dragée täglich
Der günstige Preis
Briserin: 45 Pfennige
PREIS DER TAGESDOSIS
Briserin mite: 35 Pfennige
Für die konsequente
Dauertherapie
des Hypertonikers
Briserin®
Briserin® mite

Schön leicht... sehr niedrige Werte... Lord Ultra
Lord
ULTRA
Geschmack
und Genuß mit ....
4/0,3

Bromazepam
Normoc®
Ganz entspannt, mit neuer Kraft.
entspannend
stimmungshebend
schlaffördernd

Underberg
Underberg und Du fühlst Dich wohl.

„Bewußt erleben..."
Normabraïn® 800
bei Cerebraler Leistungsminderung
reaktiviert und schützt das Neuron auf mehreren Ebenen
bei
Hirnleistungs-
schwäche
im Alter
nach
Schädel-Hirn-Trauma
Apoplexie
Alkoholabusus
zur Unterstützung
bei geistigen
Entwicklungsstörungen
des Kindes
Normabraïn

Marlboro
Menthol
Der große Geschmack.
Die große Frische.
MENTHOL
Marlboro

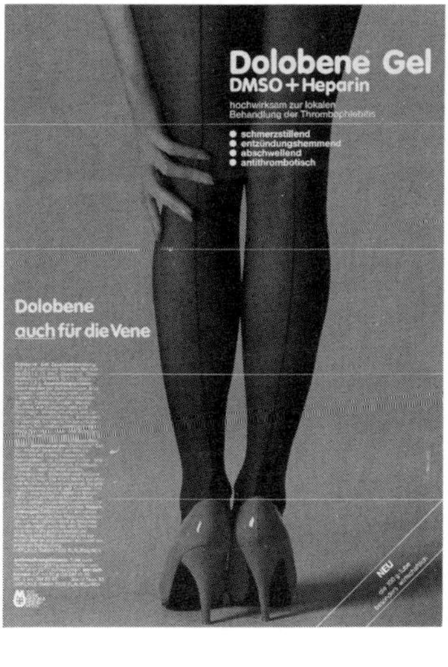
Dolobene® Gel
DMSO + Heparin
hochwirksam zur lokalen
Behandlung der Thrombophlebitis
● schmerzstillend
● entzündungshemmend
● abschwellend
● antithrombotisch
Dolobene
auch für die Vene
NEU

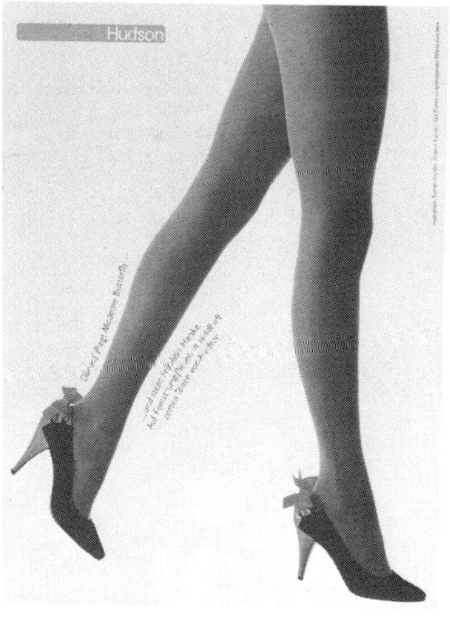
Hudson

Schach dem Altern
geistig fit sein
besonders preisgünstige Therapie
Circanol®
Standardtherapeutikum gegen zerebrale Insuffizienz

Douglas for men –
Duft und Pflege, bei der man Mann bleibt
Lagerfeld
After Shave 125 ml DM 38,–
Eau de Cologne Spray Naturel 60 ml DM 45,–
Auswahl, Duft- und Pflegeberatung, wie ein Mann sie sich wünscht. Machen Sie die Probe an unserer Duft-Testbar.
Douglas for men

Neu von MSD.
Die Amuno® Injektion.
Amuno® i.m.
Zielsicher und schnell bei Schmerz und Entzündung.
• Rascher Wirkungseintritt
• Starke Wirksamkeit
• Allgemein gute Verträglichkeit
Zur Initialtherapie und in der Akutphase rheumatischer Erkrankungen.
Amuno® i.m. Die optimale Ergänzung zu Amuno®.
Amuno® i.m.
Das schnelle Amuno® in Ihrer Rheumatherapie.
MSD und Amuno®.
Dieser Fortschritt geht weiter.
MSD

IN ZUKUNFT PHILIP MORRIS
PHILIP MORRIS
0,3 mg Nikotin 4 mg Kondensat
Ihr Geschmack wird Sie überraschen.
19/DM 3,50

evatest rapid
Seniovita®
Nervenruh forte
Vitasprint B12®
PENISEX®
NOMEN
Bleib jünger Kapseln
Carmol® ... tut wohl!
Bleib jünger forte®
Hals frei durch Salbei
ziel®
OptoVit®-E
Nervenruh forte
PENISEX®
EST
Gerostop®
Stresskaps®
Kilofort®
bleibe vital mit Vivioptal®
Vitafestal®
OMEN
Dolobene
auch für die Vene
Gehwol hilft.
SEXANORMA®

Reisemedizin

Ungetrübter Urlaub nur mit ALKA-SELTZER®! Am sonnigen Sandstrand unter Palmen erlaubt ALKA-SELTZER® einen beschwerde- und reuelosen Alkoholgenuß. In der Werbeserie für ALKA-SELTZER® werden Selbstverständlichkeit und Harmlosigkeit von überhöhtem Alkoholkonsum durchgängig propagiert. Und da ALKA-SELTZER® ebenso gesellschaftsfähig ist wie John Player Special, Coca Cola und Campari, kann man sich damit sogar schick ins rechte Licht setzen. Spaß gibt es zusätzlich mit dem herrlich flauschigen Badetuch von ALKA-SELTZER!®

Was Ihnen so gut hilft, wenn Sie zuviel gefeiert haben, müßte Ihnen eigentlich auch dann helfen, wenn Sie ganz normale Kopfschmerzen haben.

Alka-Seltzer hilft nicht nur bei Kopfschmerzen nach einer feuchten Nacht, sondern auch bei Kopfschmerzen aus heiterem Himmel.

Schade, wenn Sie Alka-Seltzer nur dann nehmen, wenn Sie zuviel gefeiert haben. Bei normalen Kopfschmerzen hilft es nämlich genauso gut.

Obwohl Alka-Seltzer in der Karnevalszeit sehr populär ist, hilft es auch bei den Kopfschmerzen, für die es keine Erklärung gibt.

Was den Männern hilft, wenn sie zuviel gefeiert haben, hilft uns Frauen auch bei ganz normalen Kopfschmerzen.

Hier ist Ihr Alka-Seltzer Badetuch! Wir wünschen Ihnen viel Freude und einen sonnigen Urlaub!

Am liebsten hätten wir Ihnen einen Knoten ins Handtuch gemacht: Denn in Ihr Reisegepäck gehört auch immer Alka-Seltzer. Alka-Seltzer hilft gegen Katergefühl und gegen die vielen ganz gewöhnlichen Kopfschmerzen. Und Alka-Seltzer hilft gegen Magenbeschwerden.
Wetten, daß Sie Alka-Seltzer brauchen?

Schönen Urlaub!

Ihr Alka-Seltzer.

Alka-Seltzer® Anwendungsgebiete: Gegen Kopfschmerzen, Katergefühl und Magenbeschwerden. Alka-Seltzer sollte nicht eingenommen werden bei einer bestehenden Überempfindlichkeit gegenüber Salicylaten und bei krankhaft erhöhter Blutungsneigung (hämorrhagische Diathese). Alka-Seltzer gibt es in Deutschland und Österreich in allen Apotheken in 10er, 20er und preiswerten 40er Vorratspackungen. MILES GMBH, FRANKFURT

Alka-Seltzer®
Alka-Seltzer®
Wir haben nicht nur etwas gegen die Schmerzen im Kopf, sondern auch etwas gegen den Sand im Bikini etc.
Wenn Sie mit einem dieser herrlichen flauschigen Badetücher von Alka-Seltzer Spaß haben wollen, schreiben Sie bitte Ihren Absender gut lesbar auf diesen Coupon (Zettel genügt auch) und schicken ihn zusammen mit einem Verrechnungsscheck über DM 24,95 (inkl. Porto und Verpackung) an: McL, Hausener Weg 61, 6000 Frankfurt/M. 90.
Name (bitte gut leserlich)
Anschrift
Schnelle Hilfe bei Katergefühl. Und bei ganz gewöhnlichen Kopfschmerzen.
Alka-Seltzer® Anwendungsgebiete: Gegen Kopfschmerzen, Katergefühl und Magenbeschwerden. Alka-Seltzer sollte nicht eingenommen werden bei einer bestehenden Überempfindlichkeit gegenüber Salicylaten und bei krankhaft erhöhter Blutungsneigung (hämorrhagische Diathese). Alka-Seltzer gibt es in Deutschland und Österreich in allen Apotheken. In 10er, 20er und preiswerten 40er Vorratspackungen. MILES GMBH, FRANKFURT.

Der Liebestraum

Die verführerische Parole der STAURODORM®-Werbung lautet: „Das Schlafmittel Ihrer Träume". Die Wirkung umfaßt angeblich selbst angenehme Träume. Das Medikament wird zum Wundermittel für eine Reise ins Land der Liebe stilisiert. So traurig der Alltag auch aussehen mag, die eigene Wunschphantasie von Liebesglück auf einer Südseeinsel rückt scheinbar in greifbare Nähe. Die kleinstgedruckten Pflicht- bzw. Warnhinweise des Herstellers rücken gegenüber dieser massiven Werbeaussage in den Hintergrund.

Johnny Alterman

Der Körper als Lockmittel
Nackte Werbung als „freundliche Empfehlung"

Eine nackte Frau als Blickfang. Dies ist eine der bewährtesten Methoden der Werbung allgemein. Der Frauenkörper wird als Lockmittel benutzt, das zum eigentlichen Produkt allenfalls eine sehr weitläufige Verbindung hat. Der Arzt wird bei der Lektüre seiner Fachzeitschrift („Neun von zehn Ärzten lesen jede Woche das Deutsche Ärzteblatt") hier seinen Blick etwas länger verweilen lassen. Langsam löst sich sein Auge von der stimulierenden Abbildung und wandert zum Text. Welcher berühmte Fotograf zeigt die „heile Haut"? Ein kunstvoller Genuß, wie hieß noch das Mittel, für das auch weiterhin so genüßlich geworben werden soll? Und die Pharmafirma, wird sie eine vergrößerte Reproduktion zur Verfügung stellen?
Ja! Auf Anfrage sendet die Firma Merck mit freundlicher Empfehlung eine Mappe mit 14 großformatigen Aktfotos!

Berühmte Fotografen zeigen für Decoderm

Heile Haut:

Johnny Alterman, geb. 1942 in Miami, entschloß sich 1969, nachdem er als Jurist promoviert hatte, Fotografie und Kunst zu studieren, u. a. bei Jerry N. Uelsman. Durch seinen 1979 erschienenen Fotozyklus „Falling Women“ hat er international große Beachtung gewonnen.

Sali-Decoderm ist heute eines der besten Hauttherapeutika mit intensiver Heilwirkung bei allen, auf eine lokale Kortikoidbehandlung ansprechenden **Hautkrankheiten mit chronischer bzw. hyperkeratotischer Verlaufsform.**

Zusammensetzung: Salbe: 100 g enthalten 0,1 g Fluprednyliden-21-acetat, 3 g Salizylsäure. Tinktur: 100 ml enthalten 0,1 g Fluprednyliden-21-acetat, 2 g Salizylsäure.
Anwendungsgebiete: Alle auf eine lokale Kortikoidbehandlung ansprechenden Hautkrankheiten mit chronischer bzw. hyperkeratotischer Verlaufsform ,wie z. B. subchronische bis chronische Ekzeme jeglicher Genese, konstitutionelle Neurodermitis, Psoriasis vulgaris, Ichthyosis, Lichen simplex chronicus Vidal. Gegenanzeigen: Spezifische Hautprozesse (Lues, Tb.), Windpocken, Impfreaktionen, periorale Dermatitis, Rosazea, letzte Wochen der Schwangerschaft. Nebenwirkungen: Bei langfristiger Anwendung: Hautatrophien, Teleangiektasien, Striae und Stereoidakne.

Wirkungsweise: Fluprednyliden-21-acetat ist ein speziell für den externen Gebrauch entwickeltes Kortikoid, das allergische und entzündliche Hautreaktionen hemmt und subjektive Beschwerden wie Juckreiz, Brennen oder Schmerzen lindert. Salizylsäure wirkt schuppenlösend, keratolytisch und außerdem antiseptisch. Sie ermöglicht dem Kortikoid ein besseres Eindringen in die oberen Hautschichten und damit eine bessere Wirkung bei den angegebenen Indikationen. Anwendungshinweise: Sali-Decoderm ist anzuwenden, solange entzündliche Erscheinungen bestehen. Es empfiehlt sich, Sali-Decoderm nach Auftragen auf die erkrankten Hautstellen leicht mit den Fingerspitzen einzureiben. An behaarten und schwer zugänglichen Körperstellen: Sali-Decoderm Tinktur. Nach Abklingen entzündlicher Hautreaktionen sei auf die Möglichkeit der Nachbehandlung mit Decoderm Basiscreme verwiesen. Besondere Hinweise: Bei länger dauernder Anwendung in hoher Dosierung oder auf großen Flächen mögliche systemische Wirkung beachten. Bei Schwangeren, Säuglingen und Kleinkindern sowie bei Patienten mit vorgeschädigter Niere soll Sali-Decoderm nicht auf großen Hautflächen für lange Zeit verwendet werden. Eine Anwendung am Auge und bei akut nässenden Krankheitsphasen ist generell zu vermeiden, im Falle einer Trommelfellperforation ist bei Anwendung am Ohr Vorsicht geboten. An Schleimhäuten und Übergangsschleimhäuten ist mit jeglicher lokalen Kortikoidapplikation wegen der möglichen Resorption ebenfalls Vorsicht geboten. Sali-Decoderm Tinktur ist ausschließlich zum äußerlichen Gebrauch bestimmt. Aufgrund des Alkoholgehaltes ist Sali-Decoderm Tinktur brennbar. Dosierung: Soweit nicht anders verordnet 1–3 mal täglich dünn auftragen. Handelsformen: Sali-Decoderm® Salbe: 20 g DM 17.80, 50 g DM 37.90. Sali-Decoderm® Tinktur: 15 ml DM 15.40, 50 ml DM 42.35. Ferner Anstalts-Packungen. Apoth.-Abg'preise. Stand: 1. 1. 1982.

E. Merck, Postfach 4119, 6100 Darmstadt 1.

Ein Weg zurück zur heilen Haut.
Bei Hautkrankheiten mit chronischer/hyperkeratotischer Verlaufsform

Sali-Decoderm

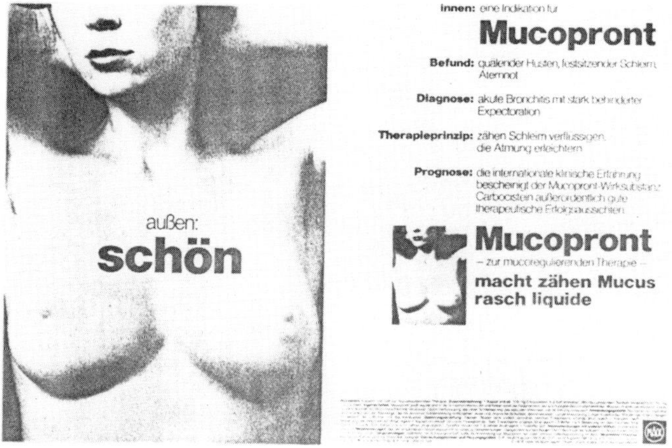

außen:
schön
Innen: eine Indikation für
Mucopront
Befund: quälender Husten, festsitzender Schleim, Atemnot
Diagnose: akute Bronchitis mit stark behinderter Expectoration
Therapieprinzip: zähen Schleim verflüssigen, die Atmung erleichtern
Prognose: die internationale klinische Erfahrung bescheinigt der Mucopront-Wirksubstanz Carbocistein außerordentlich gute therapeutische Erfolgsaussichten
Mucopront
– zur mucoregulierenden Therapie –
macht zähen Mucus rasch liquide

Götz von Berlichingen machte den Po zum meistzitierten Körperteil.
Die meisten Deutschen gehen einer sitzenden Beschäftigung nach. Jeder Dritte leidet darunter. Denn jeder dritte Deutsche leidet an Hämorrhoiden. Scheriproct wirkt entzündungshemmend, antiallergisch und juckreizstillend. Scheriproct hilft schnell und ist besonders verträglich.
Scheriproct
10g Salbe
SCHERAX
SCHERAX

DIE HAUT:
SICHTBARSTE UND SIGNALVOLLE »MEMBRAN« DES MENSCHEN.
HÖCHST SENSIBLE,
REAKTIONSBEREITE GRENZFLÄCHE.
HÄUFIGSTE* REAKTION: EKZEM.
Erfahren Sie bitte umseitig die drei Gründe,
warum Sie Ekzeme nunmehr in kürzerer
Zeit, risikoärmer und ökonomischer mit
NEU NEUER WIRKSTOFF
Temetex® ROCHE
erfolgreich behandeln können!

„Danke, Frau Doktor"
Die Angst ist vorbei. Die kleine Wunde schmerzt nicht mehr. Sie weiß, daß jetzt alles schnell heilen wird. Und sie weiß, daß auch Verbandwechsel überhaupt nicht weh tun müssen. Denn ihre Verbände werden mit Leukopor fixiert.
Das sanfte Leukopor ist nämlich herrlich sanft zur Haut seiner Patienten. Selbst bei hypersensiblen Hautpartien. Weil es mit seinem feinen Streifenstrich streifenweise klebt. Weil es die Haut so besser atmen läßt. Weil es Wasserdampf so besser und schneller verdunsten läßt. Weil es sich schmerzlos und rückstandsfrei wieder entfernen läßt. Gerade von besonders empfindlicher oder behaarter Haut.
Also, für die Fixierung von Verbänden jeder Art und Größe – oder Instrumenten – ganz gleich, ob auf zarter Babyhaut, hochempfindlicher Haut von Erwachsenen oder der dünnen und trockenen Haut alter Menschen: Das sanfte Leukopor.
Leuko … Qualität für alle Fälle
Leukopor
Das sanfte Leukopor.

Für einen schönen Busen.
Vom 30. Lebensjahr an verliert das Bindegewebe seine Elastizität. Auch der Busen wird schlaffer. Die Brustdrüse bildet sich – speziell nach einer Schwangerschaft – zurück.
Schweizer Frauenärzte entwickelten ein Medikament zur Lösung dieses medizinisch-kosmetischen Problems. Es heißt Omnicur und enthält in einer speziellen Emulsion neben verjüngenden Organ-Extrakten hochwirksame Phyto-Hormone.
Mit diesen Wirkstoffen pflegt und regeneriert Omnicur B-Treatment bei regelmäßiger Anwendung die Haut und das darunterliegende Gewebe. Omnicur stimuliert das Wachstum der Brustdrüse und strafft die elastischen Fasern. Der Busen behält seine Spannkraft – und Sie Ihre Attraktivität.
Omnicur ist in allen Apotheken erhältlich, auch in Österreich.
Omnicur
Omnicur für den unterentwickelten und erschlafften Busen. Angelopharm Hamburg

Panik als Blickfang und Verkaufshilfe
Werbung macht Angst

Angst ist eine fundamentale menschliche Erfahrung. Dieses uns allen bekannte unangenehme Gefühl hat nicht zuletzt die Funktion, uns auf Gefahren hinzuweisen, mit den wir uns bewußt auseinandersetzen müssen. Ein solch natürlicher Sinn der Angst wird von der Pharmawerbung allerdings völlig verleugnet. Es wird dagegen der Eindruck vermittelt, daß Angst grundsätzlich eine Krankheit, und ein Leben ohne diese Krankheit mit Hilfe von Psychopharmaka möglich sei. Aber nicht nur bei seelischen Krankheiten tritt Angst auf. Sie kann auch bei Gesunden als Angst vor der Krankheit oder dem Tod an sich in Erscheinung treten. Die Werbebilder schüren diese Angst eher, um desto wirkungsvoller zum Konsum des Psychopharmakons anzuregen. Fazit: Aus Angst läßt sich Geld machen.

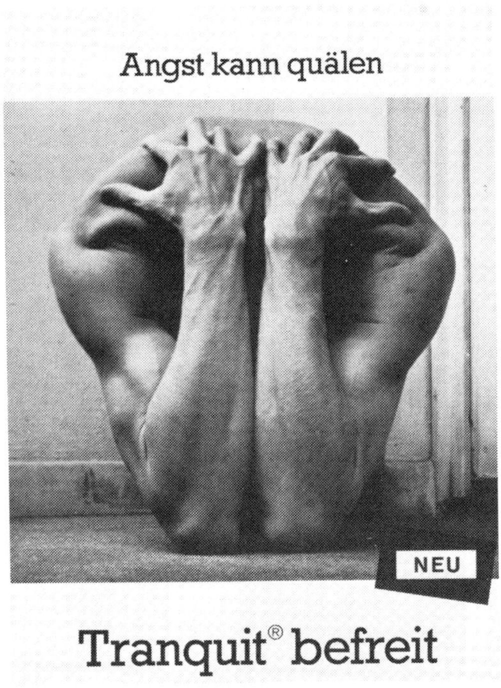

Die Kehrseite der Angst

Ein weiteres Beispiel aus der Werbekampagne des Bundesverbandes der Pharmazeutischen Industrie. Der Text muß kritisch gelesen werden. Angst, ein Thema, das uns alle angeht. In einem geschickten Aufbau stellt sich die Argumentation wie folgt dar: Zuerst die Angst und die Depression, die zugleich zu einer Gefahr für den Betroffenen wie für seine Umgebung werden und der man früher hilflos und auch verständnislos gegenübergestanden habe. Im dritten Abschnitt dann die Angstlösung, die Befreiung, der Therapieerfolg dank Medikation. Der vierte Abschnitt als Überleitung zum fünften: Lebenszeit zur bewußten und freien Gestaltung: Zeit, Gewinn, Nutzen, Geld. Dann endlich die Quintessenz: Alles ist besser geworden dank der Anstrengungen der deutschen Pharmaindustrie, und daran sollte uns eigentlich allen gelegen sein.
Zufrieden und frei von Angst soll der Leser weiterblättern. Erst wer ein zweites Mal liest, entdeckt die schönfärberische Einseitigkeit, mit der die heutige Psychiatrie hier gezeichnet wird.
Es wird verschwiegen, daß unsere psychiatrischen Anstalten vielfach überbelegt, personell aber unterbesetzt sind, daß diese Not durch Medikation verdeckt, aber keineswegs behoben wird. Es wird verschwiegen, daß in Großkliniken mit 1000, 2000 oder 3000 Betten viele Patienten fern von ihrer Familie ausschließlich medikamentös

behandelt werden, daß eine thearapiedienliche Behandlung, das heißt eine Begegnung von Mensch zu Mensch, viel zu selten stattfindet. Es wird weiterhin verschwiegen, daß immer noch viele Patienten in der Anstalt fehl am Platz sind und viel besser ambulant zu betreuen wären. Aber dies alles wird bewußt verschwiegen, denn es geht nicht um die Problematik der Psychiatrie, sondern um den Profit der Industrie. Damit niemand auf die Idee kommt, bei den Sparmaßnahmen im Gesundheitswesen einmal den Pharmakonzernen auf die Finger zu schauen, statt Personalkosten im öffentlichen Gesundheitswesen zu kürzen. Angst kann auch ein gutes Geschäft sein.

Der unkomplizierte Tranquilizer

Wie mein Großvater immer sagte: „Spätestens wenn Du ins Krankenhaus kommst, wirst Du krank werden." Eine schlichte Erkenntnis, die in der Tranquilizer-Werbung offen ausgedrückt wird. Der medizinische Apparat erzeugt Angst, die entsprechend einer technisch-inhumanen Denkweise gleich medikamentös mitbehandelt wird. Für ein aufklärendes, beruhigendes Gespräch ist hier weder Ort noch Zeit. Die Ruhigstellung des ängstlichen Patienten durch den unkomplizierten Tranquilizer mag zudem der Beginn einer neuen beängstigenden Krankheitskarriere sein. Tatsächlich erfolgt der Einstieg in den Medikamentenmißbrauch (insbesondere Tranquilizer) in 70% der Fälle durch die Verschreibung der Klinik oder des Arztes.

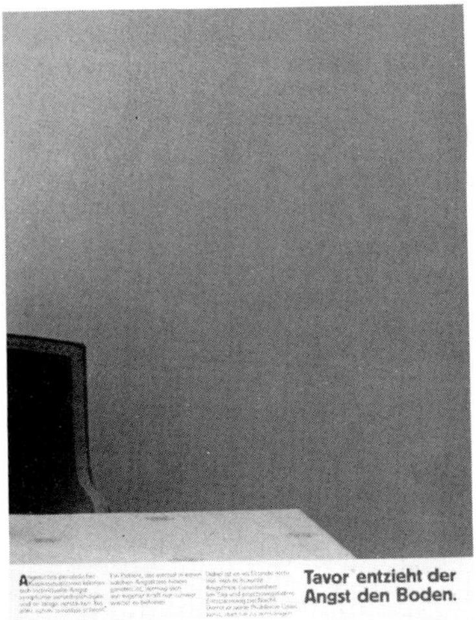

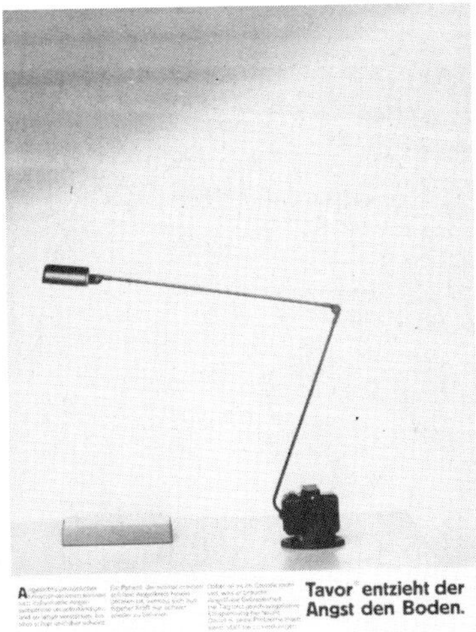

Die Angst steht auf der Tagesordnung.

Die Angst sitzt mit am Tisch.

Wenn die Angst zur Isolierung führt. Tavor.

Wenn die Angst unfrei macht. Tavor.

Die fremde Welt des Krankenhauses
erzeugt Unruhe und Angst.
Adumbran erleichtert dem Patienten die
Umstellung auf das Krankenhaus-Milieu.
So spricht er besser auf die Therapie an.
Adumbran®
der unkomplizierte Tranquilizer
Thomae

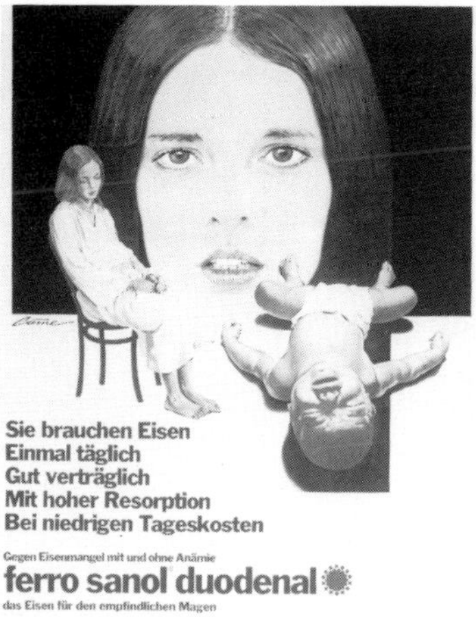

Medikamentenmißbrauch: Der Heilsglaube, der den Arzt zum Patienten macht.

Eine 50-jährige Ärztin fühlt sich nach der Scheidung von ihrem Mann und nachdem die beiden Kinder das Haus verlassen hatten häufig einsam, niedergedrückt, leer und ohne Lebenssinn. In dem Krankenhaus, in welchem sie praktiziert, hat sie problemlosen Zugang zum Arzneischrank. Seit Jahren greift sie immer wieder zu Medikamenten wie VALIUM®, von denen sie sich eine Stimmungsverbesserung oder einfach nur Betäubung verspricht, wenn die Traurigkeit ihr besonders zusetzt. Eine Weile glaubt sie, so über die Runden zu kommen. Letztlich aber wird ihr Leben nur trostloser, und weiterhin wenden sich Freunde und Bekannte von ihr ab. In der trügerischen Hoffnung, ihre Beziehungsprobleme, ihre Lebensunlust, ihr Sinnlosigkeitsgefühl allein durch die Einnahme von Medikamenten in den Griff zu bekommen, verschlechtern sich persönliche Situation und Gesundheitszustand. Schließlich gelingt ihr auch die Arbeit im Krankenhaus nicht mehr, und unweigerlich kehrt sich das Rollenverhältnis um, indem sie selbst als Patientin in eine Klinik eingewiesen werden muß.

Auf dem Trip

Eine kleine peinliche Geschichte über die Medikamentenwerbung

Eine Ärztin bemüht sich, den Patienten über die Gefahren des Medikamentenmißbrauchs aufzuklären. Dieser scheint gänzlich uneinsichtig. Eindringlich wiederholt sie, daß die Langzeiteinnahme bestimmter Medikamente und, in diesem Fall der Tranquilizer, zu Suchtgefahr mit schwerwiegender Gesundheitsschädigung führe. Nervös spielt sie mit einem Kugelschreiber, während der Patient wie ein unbelehrbarer Schüler unbeeindruckt an die Wand starrt. „Seit Jahren wechseln Sie von einem Arzt zum nächsten, um sich Tranquilizer verschreiben zu lassen, die Sie in immer höheren Dosen wie ein Drogensüchtiger mißbrauchen. Wenn Sie so fortfahren, ruinieren Sie Ihre Gesundheit!" Endlich reagiert der Patient: „Sie machen mir Vorhaltungen, aber ich tat nichts weiter, als was dort an der Wand auf Ihrem Kalender empfohlen wird." „Wenn die Angst als unlösbares Problem erscheint — TAVOR", war dort der Titel eines düsteren Fotos, einer einsam gefesselten Frau in einer kargen Landschaft mit drohenden Wolken. Die Ärztin senkt den Blick und erkennt zum ersten Mal bewußt das Wort „TAVOR" auf dem Kugelschreiber, den der Pharmareferent ihr freundlicherweise mitgebracht hatte.

Wenn die Angst als unlösbares Problem erscheint. Tavor.

Suizid auf Rezept

Die Verantwortung des Apothekers

Eine 36jährige unverheiratete Lehrerin fühlt sich seit einiger Zeit niedergeschlagen und hilflos. Gegen die diagnostizierte Depression war ihr bereits früher einmal LEXOTANIL® verschrieben worden. (LEXOTANIL® gehört zur Gruppe der beruhigenden, aber mit der Gefahr von Sucht und Mißbrauch einhergehenden Tranquilizer). In ihrer Verzweiflung plant die Frau, sich mit einer Überdosis dieses Medikaments das Leben zu nehmen. Sie läßt sich von einer Tierärztin ein Rezept für LEXOTANIL® ausstellen, angeblich für ihre verhaltensgestörte Katze. Auf dem Rezept steht kein Name des Kunden, und die notierte Packungsgröße des Medikaments genügt sicher für die Beruhigung eines Tierheims voller Katzen. Dennoch wird dieses Rezept vom Apotheker eingelöst und die zum Suizid dienenden Medikamente der Frau ausgehändigt.

Diese tragische Geschichte, die auch der Arglosigkeit von Arzt und Apotheker anzulasten ist, wird offenkundig, als die betroffene Frau wegen Selbsttötungsabsicht auf einer geschlossenen Station der Psychiatrie aufgenommen werden muß.

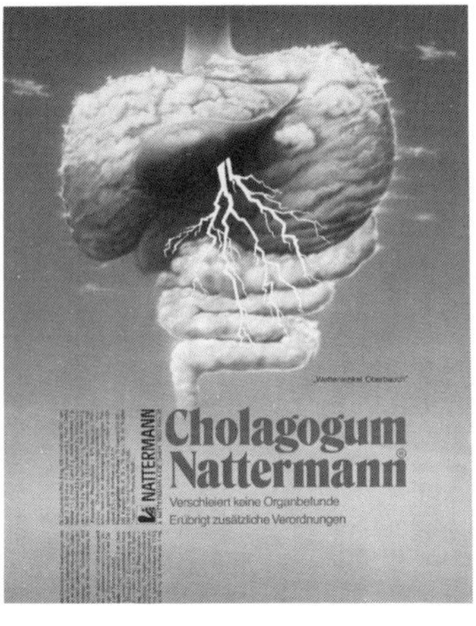

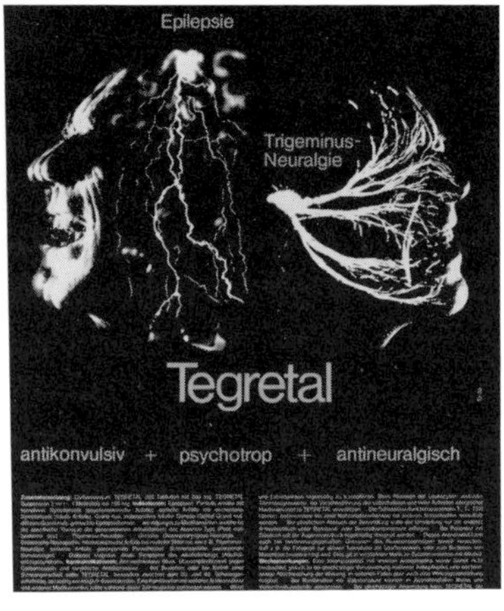

Die verordnete Sucht

Schnaps in der Kneipe und DISTRANEURIN vom Hausarzt.

Ein 43-jähriger Alkoholiker sucht nach einem problemlosen Weg, mit seiner Sucht fertig zu werden. Den Rat des Hausarztes, zur Entziehungsbehandlung in eine Fachklinik zu gehen, lehnt er ab. Daraufhin empfiehlt der Arzt, den Alkohol zu meiden und in der in Folge zu erwartenden schweren Zeit des Entzuges DISTRANEURIN® Kapseln einzunehmen (DISTRANEURIN® Kapseln erleichtern den Entzug, andererseits können sie selbst süchtig machen und müssen deshalb ärztlich kontrolliert eingenommen werden). Der Alkoholkranke erhält das Medikament vom Hausarzt über Wochen hinweg. Eine viel zu lange Zeit, die darauf hinweist, daß das Ziel der Therapie, der Entzug, nicht eintritt. Vielmehr überwindet der Patient morgens mit Hilfe des Medikaments die Kater- und Zittrigkeitsgefühle und trinkt am Abend weiterhin die gewohnte Alkoholmenge. Nach sieben Wochen folgt unausweichlich der körperliche und seelische Zusammenbruch. Er wird mit einer alkohol- und medikamentenbedingten akuten Vergiftung ins Krankenhaus eingeliefert. Hier reagiert der Mann erstaunt und widerwillig, als er erfährt, daß man ihm nicht mit Medikamenten helfen will.

PS: Unsere Krankengeschichte – eine von vielen – entspricht der Wahrheit. Sie paßt auffällig zu einer anderen Realität: die Herstellerfirma von DISTRANEURIN®, die Astra Chemicals GmbH in Wedel/ Holstein, verhöhnte 1985 Alkoholiker in Form eines Weihnachtsgeschenkes für Krankenhausapotheker: In der Aufmachung einer Arzneipackung verschickte sie eine 0,7-Liter-Flasche Original Schwedenpunsch „Glögg“. Im „Beipackzettel“ des geschmacklosen Geschenkes wird über Indikation und Nebenwirkung gewitzelt (siehe Abbildung). Fürwahr: Der Firma wird wohl am Alkoholmißbrauch zum Zwecke der eigenen Umsatzsteigerung gelegen sein.

Medikamentenmißbrauch – Symptom – Arznei – Sucht. Ein Teufelskreis

Ein 25jähriger arbeitsloser Mann ist seit seiner Geburt durch eine leichte Spastik in seiner Körperhaltung behindert. Auf der Suche nach Hilfe werden ihm häufig Tranquilizer verschrieben. In der Folge präsentiert er seine Behinderung in verschiedenen Arztpraxen immer wieder, um in den Genuß der mittlerweile mißbräuchlich verwendeten Tranquilizer zu kommen. Bis zur maximalen Dosissteigerung vagabundiert er durchs Leben und muß dann, entweder wenn der „Stoff" ausgeht oder wenn durch die zu hohe Dosierung Vergiftungserscheinungen auftreten, regelmäßig in die Klinik. Hier lehnt er rehabilitative Maßnahmen und Arbeitstherapie entschieden ab. Er erkennt seine Sucht, ohne daran etwas ändern zu können. Längst ist auch die Medikamentensucht gegenüber seiner Behinderung als schwerwiegendere Krankheit zu beurteilen. Mit Hilfe seines offensichtlichen Symptoms erreicht er es trotzdem immer wieder, daß ihm das gewünschte Medikament verschrieben wird. Sobald aber ein Arzt Bedenken äußert und die Verschreibung verweigert, wechselt er die Arztpraxis.

Wer Karriere will, muß auch schlucken

Ignoranz und Ideale

Leistung ist gefragt: Schnelligkeit, Erfolg, Jugend, Dynamik, Mode, Schönheit. Arzt und Patient sind unter diesem Aspekt gleichermaßen einem Erfolgszwang unterworfen. Krankheit darf nicht sein, denn sie verhindert Leistung. Schnell Schluß mit dem Kopfschmerz; wie per Knopfdruck soll die Krankheit medikamentös abgestellt werden. „Ausgeschmerzt" – eine neue Wortschöpfung der Pharmaindustrie.

Beim beruflichen Aufstieg ist Krankheit ein Hindernis, wenngleich paradoxerweise Krankheit geradezu als selbstverständlicher Preis für die Karriere gilt. Der Widerspruch wird scheinbar aufgelöst, indem leichtere Erkrankungen als „Normalzustand" deklariert werden, als Zustand, dem man mit Medikamenten schnell und leicht Abhilfe schaffen kann.

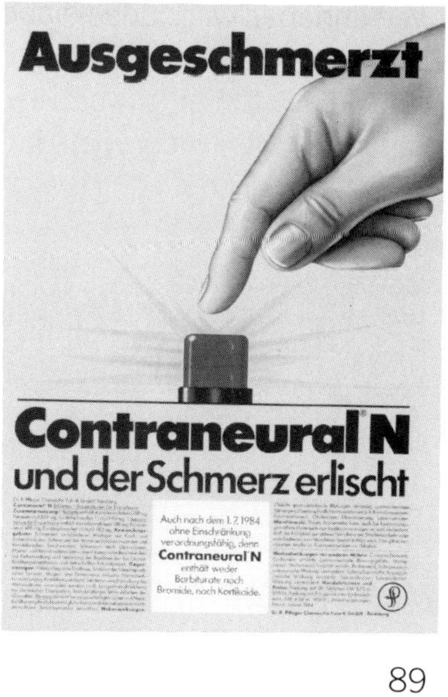

Unvernünftiges, krankheitsförderndes Verhalten wird nicht nur toleriert, sondern geradezu propagiert.

Lassen sich verborgene Konflikte und langfristige Gesundheitsrisiken mit einer Tablette, aufgelöst in einem Glas Wasser, wirklich „einfach runterschlucken"? „Damit sich der Schmerz in Nichts auflöst", so ein Slogan der Pharmawerbung. Dies alles ist glänzende Oberfläche.

Solange nicht nach den Ursachen gefragt wird, solange können auch die zugrundeliegenden Ideale unhinterfragt bleiben. Gesünder wäre es freilich, Krankheit als ein Signal zu verstehen, welches uns darauf aufmerksam macht, daß wir unsere Lebensweise korrigieren müssen. Das wird dann zwar mühsamer, jedoch langfristig wesentlich lohnender. Die unbequeme Suche nach den Ursachen bleibt einem nicht erspart. Dagegen steht die inszenierte kollektive Verleugnung, welche die Krankheit im Kern nicht heilen kann, sondern vielmehr die individuelle wie die gesellschaftliche Krankheit verstärkt. Die Medizin bleibt bisweilen selbst auf der Strecke. Das in unserem Beispiel noch als „Adjuvans der alkoholischen Leberentzündung" empfohlene CATERGEN® „für die Lebertherapie der klaren Meßwerte" verschwand in der Bundesrepublik im September 1985 über Nacht vom Markt. Das Mittel verursachte selbst mitunter tödlich endende Schädigungen des Blutbildes.

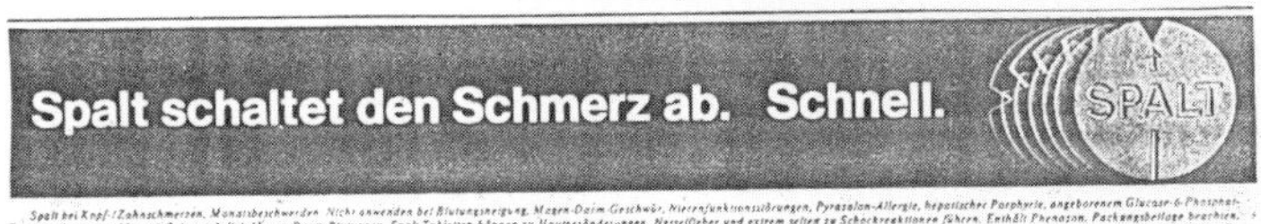

Schneller und leichter

Wer beruflichen Erfolg will, muß Termindruck und Überlastung in Kauf nehmen. Genauso selbstverständlich und kritiklos wie er die beruflichen Belastungen schluckt, soll er auch BOXAZIN® schlucken. „Schneller und leichter" auf dem Weg zum beruflichen Aufstieg mit der „Trinktablette" auf jedem Schreibtisch und in jedem Aktenkoffer. „Wer schluckt", leidet nicht und sieht auch keine Veranlassung, die krankmachenden Lebensumstände zu ändern.

ASPIRIN-Karriere

Es wird klar gesagt, daß Streß sehr häufig Kopfschmerzen verursacht, aber der daraus zu ziehende Schluß heißt nicht: „weniger Streß", sondern ASPIRIN®. „Sprudelndes" ASPIRIN® suggeriert dazu, es handele sich um ein Erfrischungsgetränk.
Wer ein aufregendes, abwechslungsreiches Leben will, nimmt ASPIRIN®! Keine Kariere ohne ASPIRIN®!
Streß als Ursache von Kopfschmerzen wird erkannt, aber nicht mehr hinterfragt. Es geht nicht darum, schädliche Lebensumstände zu verändern, sondern warnende Signale des Körpers auszublenden.
Und dann wird Krankheit zu einer Sache, die man sich leisten kann, weil sie problemlos verdrängbar erscheint. Die Karriere kann weitergehen.

"Ich habe nach 12 Jahren meine Arbeit aufgegeben und e
eröffnet. Glauben Sie nicht, daß das manchmal Kopfsch

Hermann Thürme

Wenn Sie sich keinen
Husten leisten können.
Bisolvon-Linctus
Hustensaft
Mit Bisolvon-Linctus Hustensaft wird Ihr Husten spürbar rasch gelöst. Sie können abhusten und wieder tiefer und freier durchatmen. Sie fühlen sich wohler..
Bisolvon-Linctus Hustensaft ist ausgezeichnet verträglich – für die ganze Familie.
Bisolvon-
Linctus®
thomae
Bisolvon-Linctus.
Der Hustensaft, der Husten löst.

Kreislauf des Lebens

So ist es halt im Leben: Man gründet eine Familie und rackert sich beruflich ab, und dann ereilt einen der Herzinfarkt. Aber es geht weiter, muß weitergehen mit MAYCOR RETARD 40®. Alles gut so, wie es ist, und so soll es auch bleiben.
Diese unkritische Ideologie von der Natürlichkeit eines krankmachenden Lebenslaufes findet sich immer wieder in der Pharmawerbung. Krankheiten und Medikamente werden zu einem unausweichlichen und selbstverständlichen Lebensschicksal erklärt.

Das hat man davon, wenn man an sich selbst zuletzt denkt.

Viele von uns schuften und rackern sich ab: für die Familie, für den Beruf, für Freunde und Bekannte. Oft reicht einfach die Kraft nicht mehr, weil die anderen zu viel von uns verlangen. Das macht nervös und reizbar. Man wird abgespannt und lustlos. Fühlt sich dem Leben nicht mehr gewachsen.

Ein Weg zu neuer Lebenskraft ist Municaps. Denn jede Kapsel Municaps enthält wertvolle Wirkstoffe, die alle Zellen unseres Körpers dazu bringen, wieder aktiver zu werden.

Neben Nicotinoyl-Procain, das den Stoffwechsel der Zellen fördert, sind in Municaps nervenschonende Vitamine sowie Nicotinsäureamid und Calcium-D-Pantothenat enthalten. Im Zusammenspiel der einzelnen Wirkungen entsteht das, was der überforderte Mensch von heute so dringend braucht: daß alle Körperzellen länger jung bleiben. Insbesondere die Zellen der Haut, des Gehirns, der Muskeln.

Wenn Sie also regelmäßig Municaps nehmen, sorgen Sie dafür, daß Sie körperlich auf der Höhe bleiben und wieder mehr Freude haben. Mit sich. Und mit anderen.

Municaps gibt es in jeder Apotheke. Für jeden, der auch mal an sich denken sollte.

Fragen Sie Ihren Apotheker.

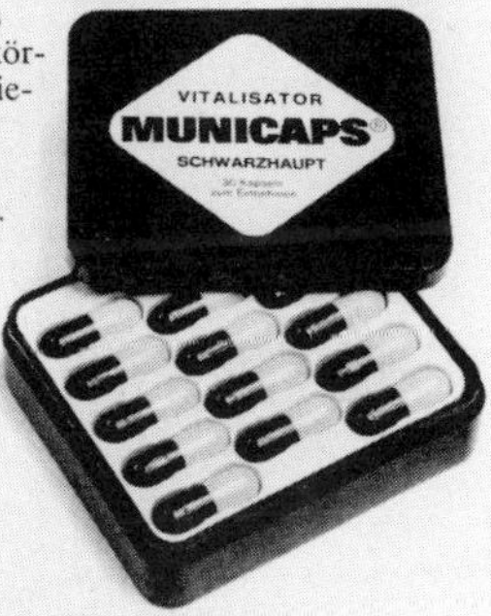

Handelsformen:
Packungen mit 30, 90 und 150 Kapseln

mit nervenschützenden B-Vitaminen

Municaps.

Die Energiekapsel für Ihren Alltag

Municaps® Zur Verbesserung der körperlichen und geistigen Leistungsfähigkeit, bei Erschöpfungszuständen, bei herabgesetzter Vitalpotenz, bei nachlassender Konzentrations- und Merkfähigkeit, bei Gedächtnisschwäche. Bei Überempfindlichkeit gegen Inhaltsstoffe ist das Präparat abzusetzen. Schwarzhaupt · Köln

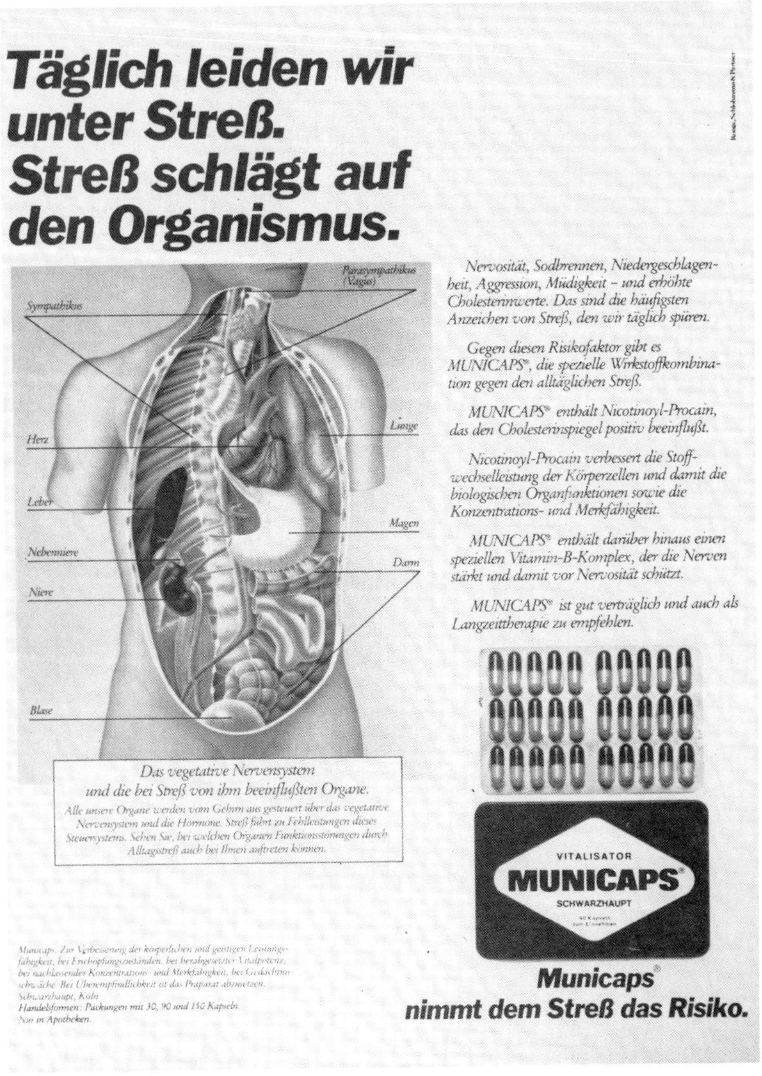
Täglich leiden wir unter Streß. Streß schlägt auf den Organismus.
Parasympathikus (Vagus)
Sympathikus
Herz
Lunge
Leber
Magen
Nebenniere
Darm
Niere
Blase
Das vegetative Nervensystem und die bei Streß von ihm beeinflußten Organe.
Alle unsere Organe werden vom Gehirn aus gesteuert über das vegetative Nervensystem und die Hormone. Streß führt zu Fehlleistungen dieses Steuersystems. Sehen Sie, bei welchen Organen Funktionsstörungen durch Alltagsstreß auch bei Ihnen auftreten können.
Nervosität, Sodbrennen, Niedergeschlagenheit, Aggression, Müdigkeit – und erhöhte Cholesterinwerte. Das sind die häufigsten Anzeichen von Streß, den wir täglich spüren.
Gegen diesen Risikofaktor gibt es MUNICAPS®, die spezielle Wirkstoffkombination gegen den alltäglichen Streß.
MUNICAPS® enthält Nicotinoyl-Procain, das den Cholesterinspiegel positiv beeinflußt.
Nicotinoyl-Procain verbessert die Stoffwechselleistung der Körperzellen und damit die biologischen Organfunktionen sowie die Konzentrations- und Merkfähigkeit.
MUNICAPS® enthält darüber hinaus einen speziellen Vitamin-B-Komplex, der die Nerven stärkt und damit vor Nervosität schützt.
MUNICAPS® ist gut verträglich und auch als Langzeittherapie zu empfehlen.
VITALISATOR
MUNICAPS®
SCHWARZHAUPT
Municaps. Zur Verbesserung der körperlichen und geistigen Leistungsfähigkeit, bei Erschöpfungszuständen, bei herabgesetzter Vitalpotenz, bei nachlassender Konzentrations- und Merkfähigkeit, bei Gedächtnisschwäche. Bei Überempfindlichkeit ist das Präparat abzusetzen.
Schwarzhaupt, Köln
Handelsformen: Packungen mit 30, 90 und 150 Kapseln.
Nur in Apotheken.
Municaps® nimmt dem Streß das Risiko.

Das hat man davon, wenn man an sich selbst zuletzt denkt.

"Möchte mal wissen, wie der das alles packt."

"Meine Güte, klotzt der mal wieder ran."

"Nervosität ist für die ein Fremdwort."

"Der kann immer noch 'nen Zahn zulegen."

"Der kann ja Berge versetzen."

"Donnerwetter, die hat sich aber im Griff."

STRESS
Magnesiocard®
Streßabschirmung
Calcium-Antagonismus
Lipidsenkung
Magnesiocard® Verla-Pharm
Zusammensetzung: 1 Kapsel/1 lackierte Tablette/1 Amp. i.m. zu 5 ml enthalten: Magnesium-L-aspartat-hydrochlorid-trihydrat 614,8 mg, Magnesium-Gehalt: 5 mval (2,5 mmol). 1 Ampulle i.v. zu 10 ml enthält: Magnesium-L-aspartat-hydrochlorid-trihydrat 737,6 mg, Magnesium-Gehalt: 6 mval (3 mmol). 5 g Granulat zum Trinken (1 Beutel) enthalten: Magnesium-L-aspartat-hydrochlorid-trihydrat 1229,6 mg, Magnesium-Gehalt: 10 mval (6 mmol). Verdauliche Kohlenhydrate 3,1 g.
Indikationen: Zur Behandlung des primären und sekundären Magnesium-Mangel-Syndroms, besonders zur Prophylaxe und Therapie der durch Magnesiummangel und Streß bedingten Herzerkrankungen. Bei Magnesium-Mangelzuständen, z. B. infolge Fastenkuren, Hypercholesterinämie, Arteriosklerose, Leberzirrhose, Pankreatitis, Schwangerschaft, Stillzeit, Einnahme östrogenhaltiger Kontrazeptiva, zur Calciumoxalatstein-Prophylaxe.
Kontraindikationen: Exsikkose, Niereninsuffizienz mit Anurie.
MAGNESIOCARD® Ampullen sollen nicht angewandt werden bei AV-Block, Myasthenia gravis.
Die Injektion von MAGNESIOCARD® bei gleichzeitiger Herzglykosid-Therapie ist nur in Fällen von Tachykardie bzw. Tachyarrhythmie angezeigt.
Nebenwirkungen: Ampullen: Bradykardie, Überleitungsstörungen, periphere Gefäßerweiterungen.
Handelsformen und Preise: Kaps.: 25 DM 10,34, 50 DM 19,72, 100 DM 35,51. Tabl.: 25 DM 10,09, 50 DM 19,37, 100 DM 34,70. Granulat zum Trinken: Btl.: 20 DM 13,46, 50 DM 30,02, 100 DM 50,39. Amp. i.m.: 2 DM 3,89, 5 DM 8,68. Amp. i.v.: 3 DM 6,91, 10 DM 20,63.
VERLA-PHARM VERLA 8132 TUTZING

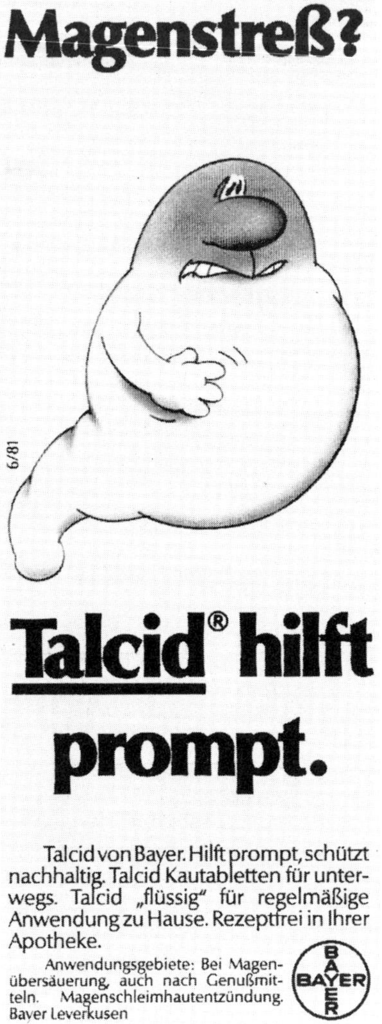
Magenstreß?
6/81
Talcid® hilft prompt.
Talcid von Bayer. Hilft prompt, schützt nachhaltig. Talcid Kautabletten für unterwegs. Talcid „flüssig" für regelmäßige Anwendung zu Hause. Rezeptfrei in Ihrer Apotheke.
Anwendungsgebiete: Bei Magenübersäuerung, auch nach Genußmitteln. Magenschleimhautentzündung.
Bayer Leverkusen
BAYER

Anzeige

Wenn die Alltagshetze unter die Haut geht...

...reagieren wir mit Unruhe, Nervosität, Reizbarkeit und Schlafstörungen. Das innere Gleichgewicht ist dahin und die nötige Gelassenheit gegenüber alltäglichen Problemen in weiter Ferne!

Naturstoffe gegen Streß

Zellforscher in aller Welt suchen deshalb nach Naturstoffen mit nervenstärkenden Eigenschaften. Auf dem diesjährigen internationalen Lecithin-Kongreß in Wien waren sich die Wissenschaftler einig: Der Naturstoff Lecithin kann tatsächlich die Funktion der Nervenzellen verbessern und sie wirksam gegen Streß abschirmen.

„Optilecith" gegen Streß von Apotheker Starke, Starnberg.

Man bekommt ein stabiles Nervenkostüm und das hilft einem, auch unter Streß ruhig und gelassen zu sein.

Aber Lecithin wirkt noch besser, wenn es mit Mineralstoffen und Vitaminen kombiniert wird. Bei dem Naturmittel „Optilecith" (Apotheke, 60 und 120 Dragees) wurde das berücksichtigt. Es enthält die wertvollen Nervenaufbaustoffe Lecithin, Glutaminsäure, Magnesium und B-Vitamine in biologisch einmaliger Zusammensetzung.

Nervenstärkendes „Optilecith"

Die „Optilecith"-Dragees geben Ihren Nerven die natürliche Kraft, die Streß erst gar nicht aufkommen läßt. Dadurch finden Sie wieder Ruhe und Gelassenheit für einen Alltag ohne Hast und Nervosität. Sie fühlen sich einfach wohl. ●

36 Apotheken Umschau

Stress muß sein – Tabletten auch
Der unerklärte Alltag, ein Konsumanlaß

Der Griff in die Handtasche fördert nebst Spiegel, Zigarettenspitze und Kamm als selbstverständliches Requisit ALKA-SELTZER® zu Tage. Schnelle Hilfe für die Folgen verführerischer Genüsse; sich dem Rausch ohne Konsequenzen hingeben können. Als zusätzlicher Kaufanreiz wirkt, daß ALKA-SELTZER® auch im grauen Alltag verwendet

werden kann: Bei unerklärlichen Kopfschmerzen, die als normal hingestellt werden.
„Alltagshetze", „Alltagsstreß", „Alltagsärger", „normale Kopfschmerzen" erfordern letztlich nur im Interesse der Pharmaindustrie die schnelle und sofortige Scheinlösung: Die alltägliche Pille. Merke: „Streß macht kopflos, VALMANE® (ein Beruhigungsmittel) macht souverän!" Wer kann sich in einer Leistungsgesellschaft solchen Verheißungen für Medikamente entziehen?

Schneller, schneller, schneller, schneller, schneller . . .

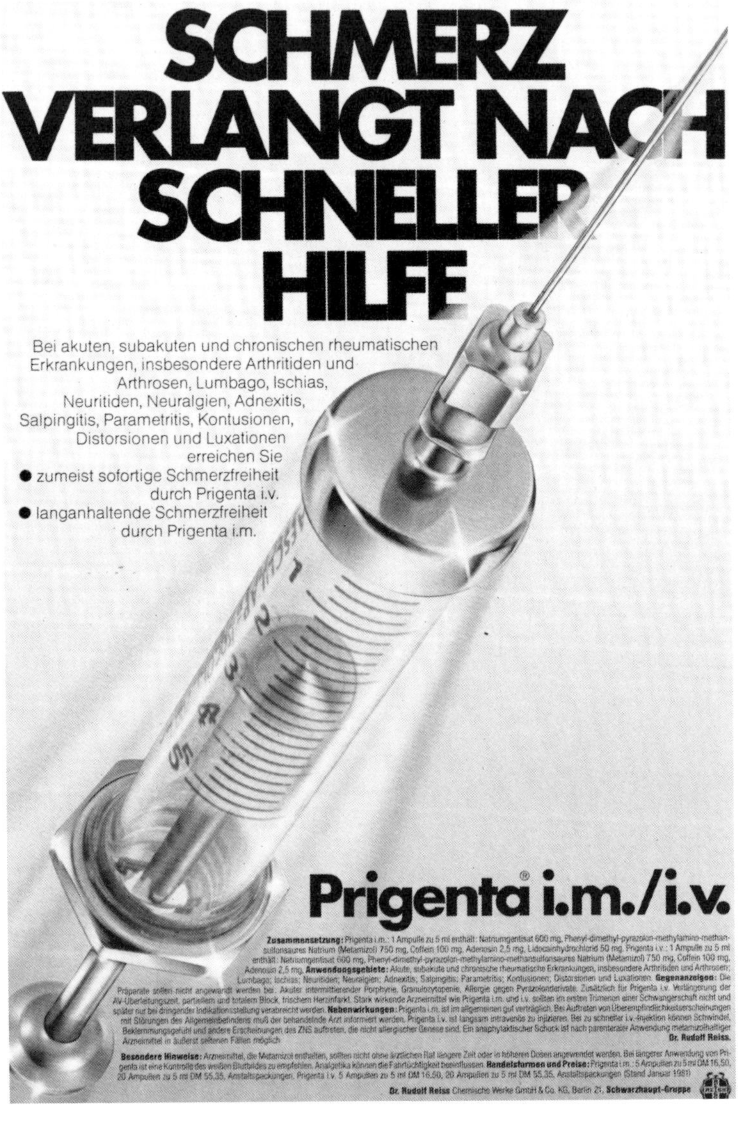

Streß-Kopfschmerzen.
Schneller hilft sprudelndes Aspirin plus C.
Eine Kollegin ist krank geworden. Zwei Tage lang sind jetzt dreißig Kinder in einer Gruppe. Da heißt es doppelt aufpassen und die Nerven behalten. Denn leise geht es nicht gerade zu.
Bevor Kopfschmerzen Sie gereizt und abgespannt machen, nehmen Sie eine Tablette, die schnell hilft. Damit Sie konzentriert weiterarbeiten können. Mit Aspirin plus C trinken Sie Kopfschmerzen einfach weg. Denn Aspirin plus C löst sich schon im Wasser vollständig auf. So gelangen die Wirkstoffe schneller in die Blutbahn und können schneller helfen. Und viel Vitamin C macht wieder frisch. Aspirin plus C ist nicht umsonst das meistgenommene sprudelnde Schmerzmittel Deutschlands.
BAYER
ASPIRIN® PLUS C
Was schnell im Kopf wirken soll, darf nicht lange im Magen liegen.
Aspirin plus C. Gegen Kopfschmerzen nach Überforderung, Überarbeitung und bei Abgespanntsein, nach zuviel Alkohol, Nikotin und bei Wetterfühligkeit. Schmerzen und Fieber bei Erkältungskrankheiten und Grippe.
Nicht einnehmen bei Überempfindlichkeit (Asthma) gegenüber Salicylaten oder anderen Prostaglandinsynthesehemmern, bei erhöhter Blutungsneigung, bei Magen- und Darmgeschwüren, vorgeschädigter Niere und in den letzten vier Wochen der Schwangerschaft. Fragen Sie Ihren Arzt bei Anwendung über längere Zeit und in höherer Dosierung. Bei hochdosierter Daueranwendung ist eine geringfügige Erhöhung der normalen Blutabgabe aus Magen und Darm zu berücksichtigen, selten sind Überempfindlichkeitsreaktionen, gelegentlich Magenbeschwerden.
Bayer Leverkusen

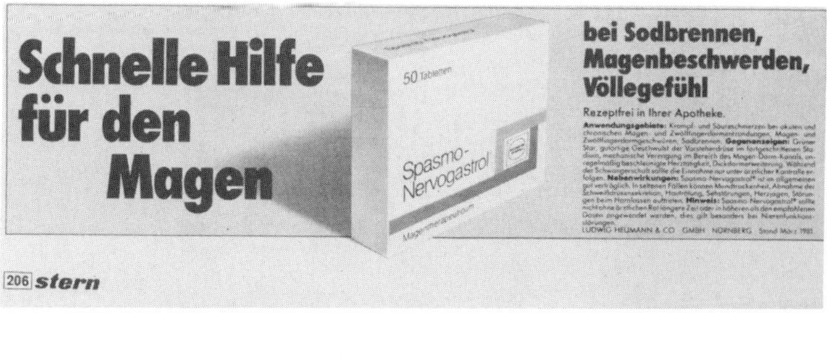
Schnelle Hilfe für den Magen
50 Tabletten
Spasmo-Nervogastrol
bei Sodbrennen, Magenbeschwerden, Völlegefühl
Rezeptfrei in Ihrer Apotheke.
206 stern

Alltagsstress
Kopfschmerzen
...sofort
Boxazin S
Boxazin S
Schneller und leichter: Die Trinktablette.
Alltagsstreß ist häufig der Auslöser für Kopfschmerzen und Abgeschlagenheit. Nehmen Sie rechtzeitig sprudelndes Boxazin S. – Das hilft rasch.

Schnell Schluß mit dem Kopfschmerz
Die schnelle
Eu-Med
Als schnell wirksamem Schmerzmittel wird Eu-Med millionenfach vertraut. Eu-Med bekommen Sie in Packungen mit 10 und – noch günstiger – mit 20 und 100 Tabletten. Die zuverlässige und verträgliche Wirkstoffkombination hilft noch schneller, wenn Eu-Med in Wasser gelöst eingenommen wird. Eu-Med gibt es auch als Zäpfchen.
Med-Präparate – mehr als 50 Jahre Erfahrung.
Eu-Med

Schnelle
Hilfe bei
Migräne
Bei Migräne und vasomotorischen Kopfschmerzen
ergo sanol® spezial

Schneller schlank mit Cathin
Gegen Hunger, Durst und Müdigkeit kauen die Beduinen seit altersher die Blätter des arabischen Cath-Strauches. Ausgehend von diesem appetitstillenden Naturstoff entwickelten Schweizer Wissenschaftler einen bemerkenswerten Appetit-Blocker. Er heißt Cathin und ist in allen Apotheken erhältlich.
Mit Cathin fällt es leicht, auf überflüssige Kalorien zu verzichten. Denn Cathin blockiert das Appetit-Zentrum im Gehirn, ohne die Antriebskraft zu lähmen. Sie brauchen keine Nulldiät, keine einseitige Kost. Sie essen automatisch weniger und können jede Woche bequem ein Kilo abnehmen.
Cathin
Abnehmen nach Maß

RECATOL® N.
ABNEHMEN UND DABEI
MENSCH BLEIBEN.
EINE GUTE FIGUR MACHT LAUNE. Ein paar Pfund zuviel belasten nicht nur
Waage. Sondern häufig auch die gute Laune. Recatol® N erleichtert es Ihnen, kalorien-
wußt zu leben. Schlank zu werden. Eine Kapsel nach dem Frühstück eingenommen,
mpft schnell das Hungergefühl. Für den ganzen Tag. Denn Recatol® N gibt seinen appetit
mmenden Wirkstoff in ausgewogener Menge nach und nach ab. Sie werden schneller
und essen weniger. So verlieren Sie die überflüssigen Pfunde. Damit Sie aber beim
nehmen leistungsfähig und ausgeglichen bleiben,
sorgt Sie Recatol® N zusätzlich mit dem Tagesbedarf
den Vitaminen B, B und C. Machen Sie sich also
Leben nicht schwerer als es ist.
Recatol N

Schöne Aussichten für Beine, Po und Taille.
Recatol. Abnehmen und dabei Mensch bleiben.
Recatol

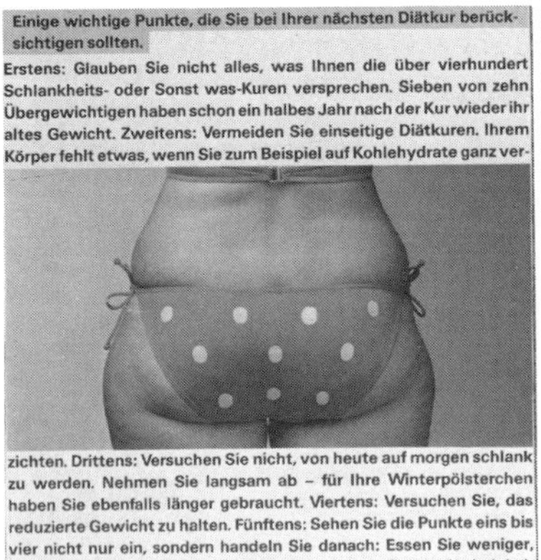
Einige wichtige Punkte, die Sie bei Ihrer nächsten Diätkur berücksichtigen sollten.
Erstens: Glauben Sie nicht alles, was Ihnen die über vierhundert Schlankheits- oder Sonst was-Kuren versprechen. Sieben von zehn Übergewichtigen haben schon ein halbes Jahr nach der Kur wieder ihr altes Gewicht. Zweitens: Vermeiden Sie einseitige Diätkuren. Ihrem Körper fehlt etwas, wenn Sie zum Beispiel auf Kohlehydrate ganz ver-
zichten. Drittens: Versuchen Sie nicht, von heute auf morgen schlank zu werden. Nehmen Sie langsam ab – für Ihre Winterpölsterchen haben Sie ebenfalls länger gebraucht. Viertens: Versuchen Sie, das reduzierte Gewicht zu halten. Fünftens: Sehen Sie die Punkte eins bis vier nicht nur ein, sondern handeln Sie danach: Essen Sie weniger, dafür bewußter. Mirapront N hilft Ihnen über die Anfangsschwierigkeiten hinweg.
Mirapront N
Mirapront® N
macht aus großem Hunger kleinen Appetit.

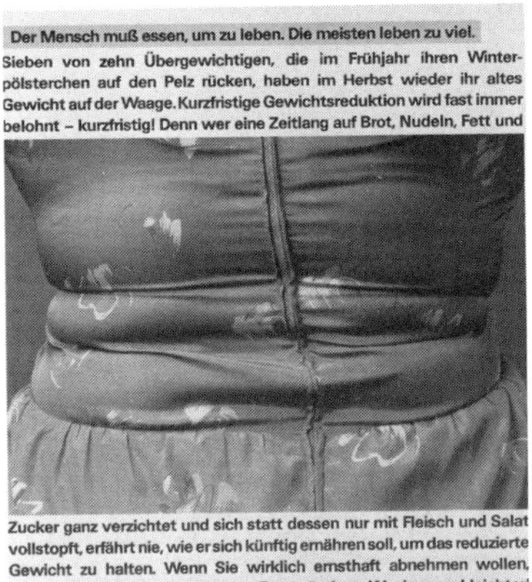
Der Mensch muß essen, um zu leben. Die meisten leben zu viel.
Sieben von zehn Übergewichtigen, die im Frühjahr ihren Winterpölsterchen auf den Pelz rücken, haben im Herbst wieder ihr altes Gewicht auf der Waage. Kurzfristige Gewichtsreduktion wird fast immer belohnt – kurzfristig! Denn wer eine Zeitlang auf Brot, Nudeln, Fett und
Zucker ganz verzichtet und sich statt dessen nur mit Fleisch und Salat vollstopft, erfährt nie, wie er sich künftig ernähren soll, um das reduzierte Gewicht zu halten. Wenn Sie wirklich ernsthaft abnehmen wollen, müssen Sie Ihre Einstellung zum Essen ändern: Weniger und leichter! Weniger essen ist schwer. Eine Kapsel Mirapront N hilft Ihnen über diese Anfangsschwierigkeiten hinweg.
Mirapront N
Mirapront® N
macht aus großem Hunger kleinen Appetit.

Eher krank als schlank

Frauen müssen schön = schlank sein. Diese Idealnorm (in Zentimeter- und Grammangaben) wird in der Werbung für Schlankheitsmittel und Appetitzügler propagiert. Anpassungsdruck und Schönheitsideal helfen der Pharmaindustrie, der jährliche Umsatz von mehr als 60 Millionen DM belegt es. Die pillenschluckenden Frauen aber werden eher krank als schlank.

Eine von der Stiftung Warentest veröffentlichte Beurteilung der 14 umsatzstärksten Appetithemmer fällt im wesentlichen negativ aus. Zwölf Präparate erhalten aus medizinischer Sicht das Prädikat „abzuraten". Darunter die seinerzeit ohne Rezept in der Apotheke erhältlichen Norpseudoephedrin-Präparate AMORPHAN DEPOT®, ANTIADIPOSITUM X 112®, BOXOGETTEN®, CATIN®, FUGOA DEPOT®, MIRAPRONT®, RECATOL®, SCHLANK SCHLANK EB 2000® und das Propylhexedrin-haltige EVENTIN®.

Der Nutzen der Appetithemmer ist laut „Test" unzureichend dokumentiert. Für den Marktführer RECATOL® (fast ein Drittel Marktanteil mit 17,7 Millionen DM Umsatz ab Fabrik) räumt der Hersteller Woelm Pharma gegenüber der Stiftung Warentest ein, daß er über keine kontrollierten Doppelblindstudien zum Wirksamkeitsnachweis von RECATOL® verfügt.

Zwei Präparate – RONDIMEN® und TENUATE RETARD® – gelten als „bedingt anzuwenden". Für beide verschreibungspflichtige Mittel konnten die Hersteller kontrollierte Studien zum Kurzzeitnutzen vorlegen, hingegen nicht der Hersteller von PONDERAX RETARD®. Bei REGENON® und REGENON A® führte die Beimischung überflüssiger bzw. bedenklicher Inhaltsstoffe zur Negativbeurteilung.

Die Einnahme von Appetithemmern wäre allenfalls unter ärztlicher Überwachung zu akzeptieren. Nach Abbruch der maximal auf drei bis vier Wochen befristeten Einnahme wird das Anfangsgewicht gewöhnlich bald wieder erreicht. Wer langfristig Gewicht verlieren will, kommt um eine Umstellung der Ernährungsweise und der Lebensgewohnheiten ohnehin nicht herum.

Dem geringen Nutzen steht eine Reihe möglicher unerwünschter Wirkungen gegenüber: Abhängigkeit, Verminderung der geistigen Leistungsfähigkeit, Persönlichkeitsveränderungen und Herz- Kreislaufkomplikationen bis hin zum Lungenhochdruck und, wenn auch sehr selten, zu Hirnblutungen mit Todesfolge sind nicht auszuschließende Folgen (Bewertung nach „test" 11/1984 sowie transparenz-telegramm 1985/86).

Jetzt aber runter mit den Pfunden.
Gut, daß es dafür boxogetten gibt. Die machen fühlbar und sichtbar schlank, sorgen für eine beneidenswert gute Figur. Und Sie fühlen sich wieder wohl in Ihrer Haut.
Die bewährten Schlankheits-Dragees mit der 3-fach-Wirkung
mindern das Hungergefühl,
regen die Darmtätigkeit an,
zügeln die unkontrollierte Eßlust.
Mit boxogetten schwinden die angefutterten Pölsterchen, der Weg zur schlanken Linie wird leichter und kürzer. 2 Dragees täglich genügen. In allen Apotheken erhältlich.
boxogetten®
Appetithemmer mit 3-fach-Wirkung
boxogetten zur kurzfristigen, bis zu 4 Wochen dauernden unterstützenden Behandlung ernährungsbedingten Übergewichts. Nicht anwenden bei Bluthochdruck u. schweren Herz-Kreislauf-Erkrankungen, Störungen der Schilddrüsen- u. Nierenfunktion, Nebennierengeschwulst, Prostatavergrößerung mit Restharnbildung, psychischen Erregungszuständen, Darmverschluß, während d. Schwangerschaft u. Stillzeit. Nicht länger als 4 Wochen einnehmen. Länger dauernder Gebrauch kann die Gesundheit schädigen. Treten Herzklopfen, Herzrhythmusstörungen, Herzschmerzen, Erregungszustände seelischer u. körperlicher Art u. Zittern auf, Anwendung 2–3 Tage unterbrechen, bei Einschlafstörungen Tagesdosis vormittags einnehmen. Boxberger, Bad Kissingen.

Hunger ließ schon viele Schlankheitskuren platzen
Jetzt gibt es einen neuen Kalorien-Blocker, der die Kalorienausnutzung verringert und Sie trotzdem satt macht. Mit Slanka essen Sie weniger – und werden leichter schlank. Slanka gibt es in allen Apotheken.
Slanka®
Der Kalorien-Blocker aus der Natur.
Slanka: Magenfüller als unterstützendes Mittel bei Schlankheitskuren. Biokirch Seevetal

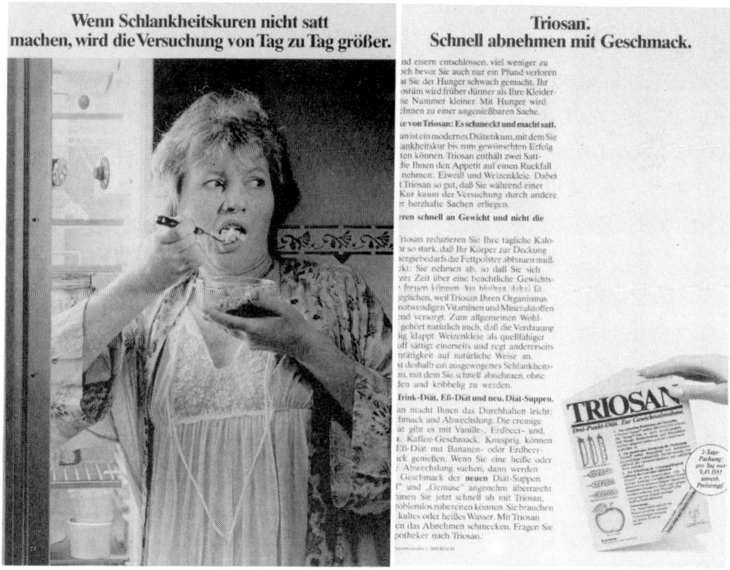
Wenn Schlankheitskuren nicht satt machen, wird die Versuchung von Tag zu Tag größer.
Triosan.
Schnell abnehmen mit Geschmack.
nd eisern entschlossen, viel weniger zu
ch bevor Sie auch nur ein Pfund verloren
at Sie der Hunger schwach gemacht. Ihr
ostüm wird früher dünner als Ihre Kleider-
ie Nummer kleiner. Mit Hunger wird
hmen zu einer ungenießbaren Sache.
e von Triosan: Es schmeckt und macht satt.
an ist ein modernes Diätetikum, mit dem Sie
ankheitskur bis zum gewünschten Erfolg
ten können. Triosan enthält zwei Satt-
die Ihnen den Appetit auf einen Rückfall
nehmen: Eiweiß und Weizenkleie. Dabei
t Triosan so gut, daß Sie während einer
Kur kaum der Versuchung durch andere
r herzhafte Sachen erliegen.
eren schnell an Gewicht und nicht die
riosan reduzieren Sie Ihre tägliche Kalo-
r so stark, daß Ihr Körper zur Deckung
ergiebedarfs die Fettpolster abbauen muß.
kt: Sie nehmen ab, so daß Sie sich
zer Zeit über eine beachtliche Gewichts-
egüchen, weil Triosan Ihren Organismus
notwendigen Vitaminen und Mineralstoffen
end versorgt. Zum allgemeinen Wohl-
gehört natürlich auch, daß die Verdauung
ig klappt. Weizenkleie als quellfähiger
off sättigt einerseits und regt andererseits
ntätigkeit auf natürliche Weise an.
st deshalb ein ausgewogenes Schlankheits-
m, mit dem Sie schnell abnehmen, ohne
den und kribbelig zu werden.
Trink-Diät, Eß-Diät und neu, Diät-Suppen.
an macht Ihnen das Durchhalten leicht:
hmack und Abwechslung. Die cremige
at gibt es mit Vanille-, Erdbeer- und
. Kaffee-Geschmack. Knusprig können
Eß-Diät mit Bananen- oder Erdbeer-
ack genießen. Wenn Sie eine heiße oder
Abwechslung suchen, dann werden
Geschmack der neuen Diät-Suppen
" und „Gemüse" angenehm überrascht
men Sie jetzt schnell ab mit Triosan,
roblemlos zubereiten können. Sie brauchen
kaltes oder heißes Wasser. Mit Triosan
en das Abnehmen schmecken. Fragen Sie
potheker nach Triosan.
TRIOSAN

Pharma-Absatz mit Verlegenheitsdiagnose

In diesem Inserat einer Fachzeitschrift für Ärzte treffen wir auf eine Feierabendidylle, die der Karikaturist Kurt Halbritter gezeichnet hat. Hier werden konsumiert: Fernsehen, Alkohol, Zigaretten. Bewegung ist hier richtigerweise als erster therapeutischer Rat genannt. Konsequent wäre auch der Verzicht auf Alkohol, Nikotin und Fernsehberieselung. Gegen die Zivilisationkrankheit des passiven Konsumverhaltens hilft aktive Lebensgestaltung. Im Widerspruch dazu wird hier erneut zum Konsum geraten: Die Pille als bequeme Lösung. Die Pille beseitigt aber nicht das Fehlverhalten, sondern fügt ihm einen weiteren Aspekt hinzu. Der Teufel soll offenbar mit dem Beelzebub ausgetrieben werden. Der Rat zu Bewegung ist nunmehr in seiner Alibifunktion erkennbar.

„Vegetativ bedingte" Kreislaufschwäche, zu „niedriger Blutdruck" oder „morgendliche Leistungsschwäche" als Zielsymptome der Pharmawerbung verschaffen der chemischen Industrie reichen Absatz für fragwürdige Produkte. Abgesehen von schweren Formen des Blutniederdrucks (Hypotonie mit Schwindel, Übelkeit und Pulsbeschleunigung, wobei das Grundleiden behandelt werden muß) bedarf niedriger Blutdruck im allgemeinen keiner medikamentösen Behandlung. In Großbritannien und in den USA sucht man in Lehrbüchern vergeblich das „Krankheitsbild" der Hypotonie. Der „niedrige Blutdruck" als solcher hat dort keinen Krankheitswert.

In der Bundesrepublik pflegt ein Arbeitskreis von sechs Pharmafirmen die Hypotonie als Absatzmarkt. Medikamente gegen dieses Symptom verursachen unseren Krankenkassen Ausgaben in Höhe von fast 300 Millionen DM, das entspricht 10 Millionen ärztliche Verordnungen pro Jahr. Mancher Hypotonie-„Forscher" kann die Kosten für eine Luxuslimousine aus diesem Kassenetat finanzieren, abgesehen von gesponsorten Kongressen und Veranstaltungen auf der Ebene ärztlicher Bezirksvereine. Das Leitsymptom Schwindel macht's möglich!

In der Medizin ist alles machbar — auch Unmögliches

Immer wieder findet man in der Pharmawerbung eine verharmlosende Darstellung von ungesunden und krankheitsfördernden Verhaltensweisen. Es geht eben nicht mehr um eine kompromißlose Aufklärung, was für die Gesundheit zu tun sei, sondern vielmehr soll alles erlaubt und machbar sein, man möge nur gleichzeitig den Rat pharmazeutischer Firmen beherzigen und unvernünftige Lebensgewohnheiten durch den Konsum der Arznei ausgleichen.

Wer Zigaretten, Alkohol, fettes Essen usw. nicht verträgt, wird zum Therapiefall – mit Medikamenten, die nach Expertenmeinung oft Plazebofunktion erfüllen. Seit Jahrzehnten ist aber zum Beispiel die Sinnlosigkeit ansäuernder Magenmittel erwiesen. Ein Ersatz der Magensalzsäure ist weder möglich noch nötig. Bestenfalls können Medikamente (Enzyme) bei hochgradigen Fettverdauungsstörungen helfen, wenn die Einschränkung des Fettverzehrs nicht genügt. Ein fragwürdiger Trost ist, daß die medikamentösen Verdauungshilfen nur indirekt Schäden hinterlassen. Sie hemmen die Motivation für eine vernünftige Ernährungsweise und schlagen als kostspielige Plazebos mit jährlich über 110 Millionen DM (90 Millionen Tagesdosen!) bei den Krankenkassen zu Buche.

Die Pharmaindustrie macht zunehmend auch die Klientel der starken Raucher urbar: die „Raucherlunge“, das „Raucherbein“, der „Raucherulkus“, das „Rauchergebiß“ und andere Raucherleiden sorgen für einen Medikamentenumsatz, der die Milliardenschwelle erreicht haben dürfte.

Eine Zahncreme als Vorsorge-Kraft gegen Karies soll den lieben Kleinen den ungetrübten Genuß von Süßigkeiten ermöglichen. Die (Volks-)Verführung beginnt im Kindesalter. Die Schäden sind irreparabel. Wer ahndet solche Entgleisungen?

Niemand verzichtet wirklich ganz auf die
angenehmen Dinge des Lebens
Uricovac® M
die individuelle Harnsäuretherapie
für jeden Patiententyp
LABAZ

Wenn der Magen insuffizient ist,
von Mahl zu Mahl 1 Dragée
Enzynorm® forte
verdaut im Magen optimal
NORDMARK-WERKE GMBH
HAMBURG

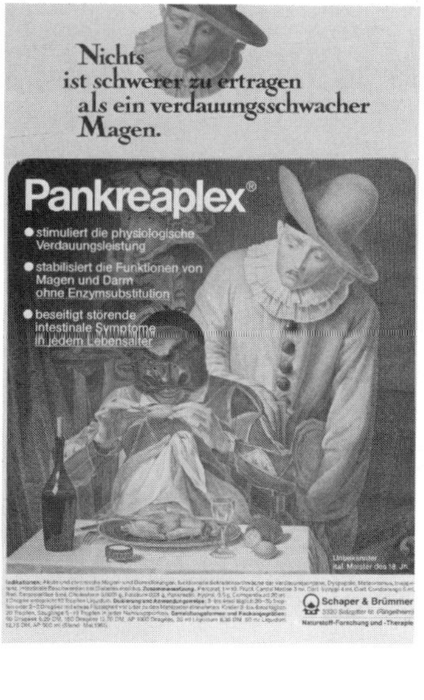
Nichts
ist schwerer zu ertragen
als ein verdauungsschwacher
Magen.
Pankreaplex®
stimuliert die physiologische Verdauungsleistung
stabilisiert die Funktionen von Magen und Darm ohne Enzymsubstitution
beseitigt störende intestinale Symptome in jedem Lebensalter
Schaper & Brümmer

Same
procedure
as every
year.
Alka-Seltzer
hilft feste feiern

Für den letzten Abend vor der ersten Nacht.
Alka-Seltzer
hilft feste feiern

Das Maß war voll.
Alka-Seltzer
hilft feste feiern

War der Wein gut auf dem Weingut!
Alka-Seltzer
hilft feste feiern

Mainz wie es trinkt und lacht.
Alka-Seltzer
hilft feste feiern

Häppi
börs
day tu
juuh!
Alka-Seltzer
hilft feste feiern

Reserve
hat
Ruh.
Alka-Seltzer
hilft feste feiern

Drei
Bock
drei
Ramsch.
Alka-Seltzer
hilft feste feiern

Auf
der Wies'n
als gut
erwies'n.
Alka-Seltzer
hilft feste feiern

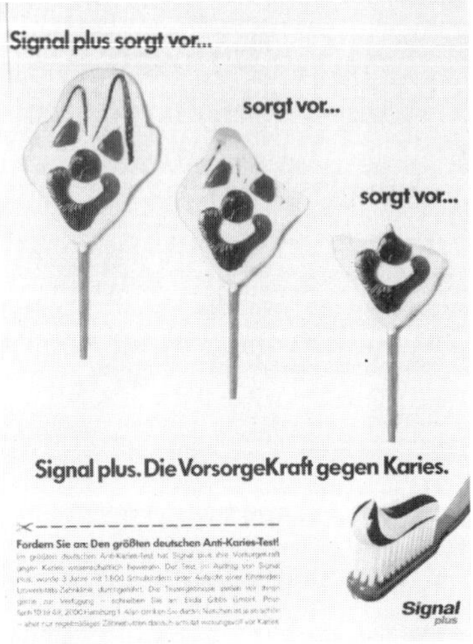

Signal plus sorgt vor...
sorgt vor...
sorgt vor...
Signal plus. Die VorsorgeKraft gegen Karies.
Fordern Sie an: Den größten deutschen Anti-Karies-Test!
Signal plus

Signal sorgt vor, sorgt vor, sorgt vor. Gegen Karies.
Naschen ist ja so schön. Sie sagen nein, aber Ihr Kind möchte trotzdem. Und mal muß es auch sein. Karies? Signal sorgt vor gegen Karies und entfernt gefährlichen Zahnbelag. Wie gut Signal gegen Karies vorsorgt, das haben Schulkinder bewiesen: über 1000 von ihnen haben sich die Zähne nur mit Signal geputzt. 2 volle Jahre lang. Es war der größte deutsche Antikaries-Test für Signal
unter medizinischer Aufsicht. Das Ergebnis dann: weniger Karies. Ein voller Erfolg. Seitdem steht es wissenschaftlich fest: Signal sorgt vor gegen das Schlimmste, was Zähnen zustoßen kann: Karies. Darum Sie und Signal – gegen Karies. Zum Besten Ihres Kindes.
Die VorsorgeKraft gegen Karies

Bronchitisgefährdet
Der chronische Raucher
Meist hat er sich an seinen chronischen Reizhusten gewöhnt. Aber er ist anfälliger geworden. Seine Atemorgane sind erheblich weniger belastbar.
Bronchitistherapie beginnt in solchen Fällen mit der Gabe von
Bisolvon® Tabletten
Bisolvon sorgt für umfassende Sekretregulierung, fördert die Expektoration und stärkt die immunologische Abwehrkraft.
Die Erfahrung rät: Chronischen Rauchern gleich Bisolvon Tabletten geben, sobald sich erste Anzeichen einer Bronchitis zeigen.
Thomae

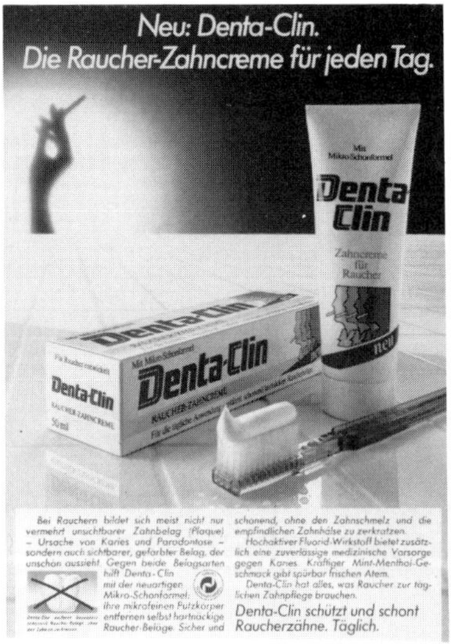

Neu: Denta-Clin.
Die Raucher-Zahncreme für jeden Tag.
Denta Clin
Zahncreme für Raucher
Bei Rauchern bildet sich meist nicht nur vermehrt unsichtbarer Zahnbelag (Plaque) – Ursache von Karies und Parodontose – sondern auch sichtbarer, gefärbter Belag, der unschön aussieht. Gegen beide Belagsarten hilft Denta-Clin mit der neuartigen Mikro-Schonformel. Ihre mikrofeinen Putzkörper entfernen selbst hartnäckige Raucher-Beläge. Sicher und schonend, ohne den Zahnschmelz und die empfindlichen Zahnhälse zu zerkratzen.
Hochaktiver Fluorid-Wirkstoff bietet zusätzlich eine zuverlässige medizinische Vorsorge gegen Karies. Kräftiger Mint-Menthol-Geschmack gibt spürbar frischen Atem.
Denta-Clin hat alles, was Raucher zur täglichen Zahnpflege brauchen.
Denta-Clin schützt und schont Raucherzähne. Täglich.

Tranquit® befreit
Dieser Tablette können Sie vertrauen.
„Frei atmen macht das Leben frei.“ Ozothin®
Die zeitgemäße Lösung.
(Thomapyrin bei Kopfschmerz.)
FREI SEIN. SICH WOHLFÜHLEN.
Probleme mit Verstopfung löst Ramend.
Für mehr Gelassenheit im Alltag: Harmonicum Much®.
Nervenruh forte
Das Leben ist oft reine Nervensache
Magen gut – alles gut!
ASPIRIN®
Damit sich der Schmerz in nichts auflöst.

Bei Tabletten kann man nicht kritisch genug sein.
ASPIRIN®-Slogan

Das Gefühl auf der sicheren Seite zu sein

Täuschungsmanöver und Scheinargumente

Vom Sicherheitsstreben ihrer Kunden profitieren nicht nur Banken und Versicherungen. Auch der Gesundheitsbetrieb lebt in weiten Teilen von der Hoffnung der Menschen, ihre Gesundheit gleichsam versichern zu können. Der Patient verläßt sich auf die Wissenschaftlichkeit der Medizin, auf Aus- und Weiterbildung der Ärzte und die Überwachung des Arzneimittelmarktes durch die Behörden. Wer kontrolliert indes die Abhängigkeit ärztlichen Handelns von der Pharmaindustrie?

Wer zieht die ökonomischen Eigeninteressen eines provisionsabhängigen Berufsstandes ins Kalkül, wenn er in bester Absicht Medikamente ohne Rezept in einer Apotheke kauft? Gewinnen können dabei eigentlich nur Hersteller und Verkäufer – der eine vielleicht als Geber, der andere als Nehmer eines beträchtlichen Naturalrabattes, der 10 + 10 betragen kann: Bei frei verkäuflichen Arzneimitteln kauft der Apotheker zehn Packungen und erhält weitere zehn Packungen umsonst, die er als reguläre Verkaufsware an den Mann oder die Frau bringen kann.

Die wissenschaftliche Erforschung der Medikamentenwirkung liegt überwiegend in den Händen der Pharmaindustrie und wird der gesellschaftlichen Kontrolle nicht oder nur ungenügend unterzogen. Statt durch Gespräch und Aufklärung den Patienten und den Arzt aus Unwissen und Unsicherheit gegenüber Medikamenten zu befreien und auch auf vielfach bessere, nicht medikamentöse Behandlungsverfahren hinzuweisen, powern die Pharmakonzerne mit oft nur scheinbar wissenschaftlichen, immer aber einseitigen Argumenten.

Waschmittelinformation oder Overkill?

Auf dem Niveau von Waschmittelreklame bewegt sich hier die pseudowissenschaftliche „Information aus dem SPALT-Entwicklungslabor". Statt qualitativer Argumente sollen pure Zahlenangaben imponieren: „1000 Milligramm schmerzstillende Wirkstoffe", fast könnte man mißverstehen: tausend Wirkstoffe, aber nein: tausend Milligramm, tausend das ist viel! Wo bliebe der suggestive Effekt, wenn hier statt „1000 Milligramm" korrekt ein Gramm gesagt würde! In welchem Bezugssystem sollen die Mengenangaben bewertet werden? In Bezug auf den Kopfschmerz jedenfalls hilft nicht eine Tablette (500 Milligramm), da helfen erst zwei Tabletten, könnte eine dritte bei starken Schmerzen schädlich sein? Man kann ja zunächst halbieren, das sind dann genau 1250 Milligramm. Und im Glauben, daß viel auch viel hilft, wird die Dosis langsam gesteigert.
In dieser Form wird nicht der Kopfschmerz sinnvoll behandelt, sondern vielmehr nach dem Motto „Viel hilft viel" eine gefährliche Suchthaltung gefördert.

Ähnlich wie in der SPALT-Werbung werden auch für THOMAPYRIN N® mit bezugslosen Mengenangaben Zuverlässigkeit und Verträglichkeit des Mittels propagiert. Deutlicher noch als bei SPALT® wird die Dosissteigerung als unbedenklich hingestellt.

Zwar wird vertrauenerweckend betont „Sie wissen ja, je weniger Tabletten man braucht, um so besser ist es“, aber sollte doch einmal doppelt dosiert werden müssen, ist das „immer noch nicht mehr als ein Gramm“. So wird der aufklärende Hinweis auf die niedrige Wirkstoffmenge doch noch zur unkritischen Ermutigung, mehr zu nehmen, pervertiert.

Und zuletzt wird nicht allein Schmerzfreiheit versprochen, sondern auch Frische „THOMAPYRIN N® macht schmerzfrei und frisch“. „Frisch“, „fröhlich“ und „kraftvoll“ assoziiert sich da von allein. Die Schmerztablette als Stimmungsheber? Wer würde solchen Versprechungen vertrauen, wenn er wüßte, wohin in letzter Konsequenz der jahrelange Gebrauch eines „Frischmachers“ führen kann? Wer macht sich bewußt, daß dauerhafter Schmerzmittelkonsum vielfach schwerste Nierenschäden, Abhängigkeit von der künstlichen Niere und frühzeitigen Tod verursacht? Besonders die Kombination mehrerer Wirkstoffe in Schmerztabletten steht seit mehreren Jahrzehnten in Verdacht, die Nierenfunktion unwiderruflich zu schädigen. Dieser Vorbehalt gilt nicht nur für den Wirkstoff Phenacetin.

Bei näherer Betrachtung dieser Argumente bleibt in der Tat häufig nur der Schein von Wissenschaftlichkeit übrig. Wirkstoffmengen werden ohne Bezugssystem genannt, Kongreßmeinungen, von habilitierten und promovierten „Pharmareferenten" unters Volk gebracht, werden als allgemeingültig unterstellt. Fragebögen zur Wirksamkeit und Verträglichkeit sind bewußt fehlkonstruiert, um zu täuschen; naive Vorstellungen von der „Natürlichkeit" mancher Medikamente werden propagiert, auch dort, wo Chemie wirkt. In unseren Beispielen wird deutlich, wie wenig Wert die Werbung auf sachgerechte Information legt.

Pflicht und Kür

Wie ernst die Pharmawerbung die wissenschaftliche Aufklärung und Information über ihre Produkte nimmt, sieht man (oder eher: sieht man nicht) am sogenannten, gesetzlich vorgeschriebenen Pflichttext. Dieser Text soll über Indikationen, Nebenwirkungen, Dosierung und Anwendung usw. informieren. In der Gestaltung der Anzeige nimmt er aber häufig nur ein Zehntel bis ein Zwanzigstel der Fläche ein und ist nicht selten nur mit der Lupe lesbar.

Abb. 1. Aus einem Inserat für *Sigaprim forte* (Firma *Siegfried GmbH*, Bad Säckingen)

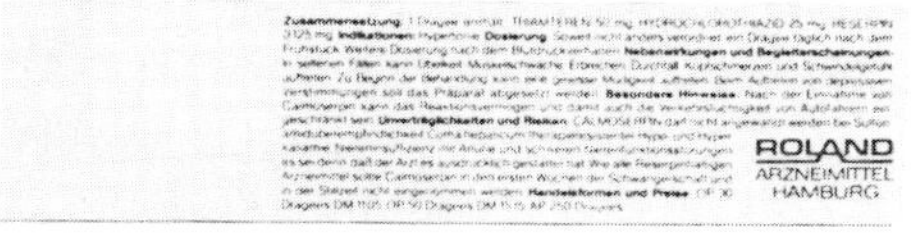

Abb. 2. Aus einem Inserat für *Calmoserpin* (Firma *Roland*, Hamburg)

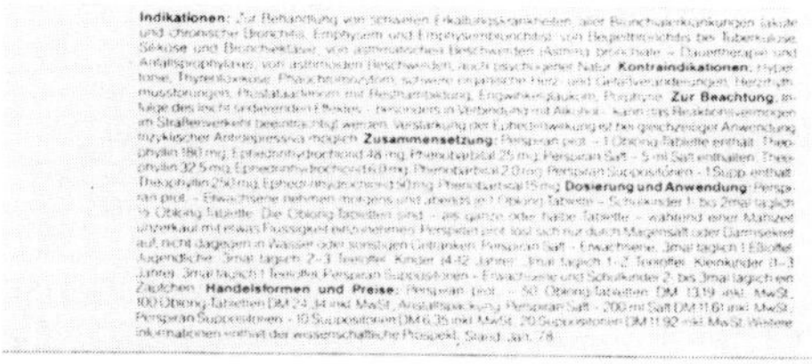

Abb. 3. Aus einem Inserat für *Perspiran Saft* (Firma *Dr. Sasse*, Berlin)

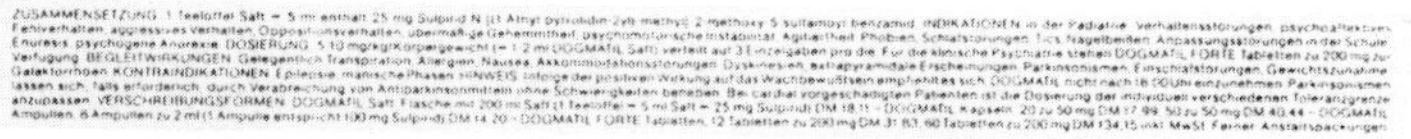

Abb. 4. Aus einem Inserat für *Dogmatil-Saft* (Firma *Schürholz GmbH*, München)

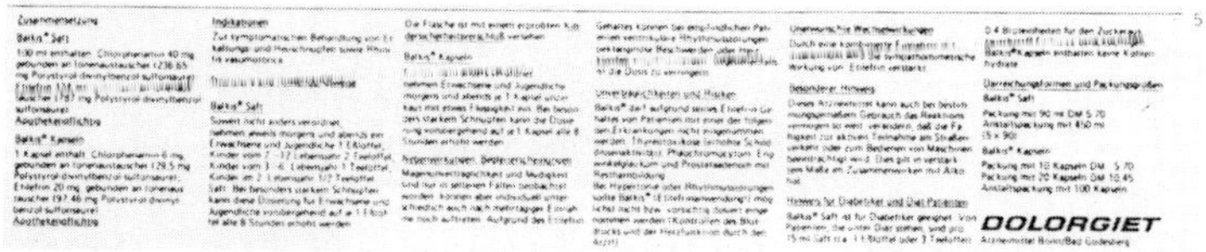

Abb. 5. Aus einem Inserat für *Balkis* (Firma *Dolorgiet*, Bad Godesberg)

Pflichttexte im Maßstab 1:1 – man achte auf den Maßstab

Bei Kopfschmerz:
vivimed® N
mit Vitamin B1 – gut für die Nerven
Nur in Apotheken. In Österreich gibt es Vivimed. In der Schweiz gibt es Vivimed N.
Vivimed N hilft bei Kopfschmerzen, Zahnschmerzen, Nervenschmerzen (Neuralgien), rheumatischen Schmerzen, Migräne, Menstruationsbeschwerden, Erkältungskrankheiten, Wetterfühligkeit und Föhnkrankheit sowie Folgen von übermäßigem Alkohol- und Nikotingenuß. – Vivimed N ist im allgemeinen gut verträglich. Bei besonders empfindlichen Patienten könnte es in seltenen Fällen zu Hautreaktionen oder Veränderungen des Blutbildes kommen. – Nicht anwenden bei folgenden bestehenden Erkrankungen: Schwere Nierenfunktionsstörungen, akute hepatische Porphyrie, Pyrazolkörper-Allergie. Vorsicht bei vorgeschädigter Leber. – Schmerzmittel sollen nicht ohne ärztlichen Rat längere Zeit oder in höheren Dosen angewendet werden.
Dr. Gerhard Mann, Chem.-pharm. Fabrik GmbH, Berlin

Von Angesicht zu Angesicht

Zunächst nur ein Gesicht. Es soll Sympathie wecken, die Möglichkeit zur Identifikation geben. Und dann: Ist nicht dieses Gesicht der Beweis? Diesem Menschen mir gegenüber von Angesicht zu Angesicht, diesem Menschen wurde geholfen. So kann wohl auch mir geholfen werden! Weiter im Text: Als besonderes Qualitätsmerkmal des Schmerzmittels wird genannt: „Mit Vitamin B1 – gut für die Nerven". Also schmerzlindernd und zudem gut für die Nerven. Zwei Fliegen mit einer Klappe. Klar, daß hier der kritische Pflichttext der Werbeaussage entgegenwirken würde, und so wird er in fast unlesbarer Kleinstschrift unten angehängt.

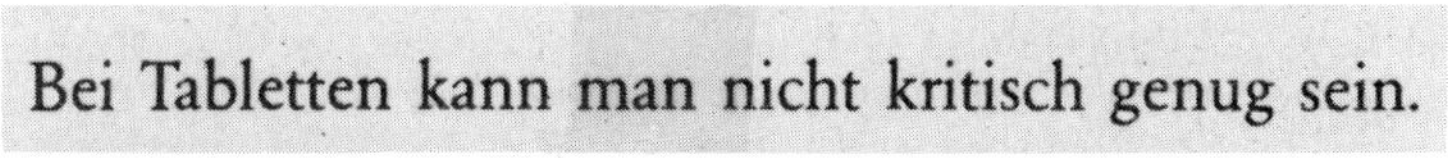

Die Banalität der Werbung – der „viel zu dämliche“ Konsument

Originalton aus der Welt der Werbung
zitiert nach Heide WOHLERS u.a., Die geheimen Verführerinnen, Berlin 1986

„Wie Frau Dr. A. F. in einem einzigen Schmerzmittel den ganzen Weltschmerz entdeckt, oder: Wie in der Marktforschung das Menschliche erforscht und ausgebeutet wird

Frage: Was macht denn Spaß am Werben?

Antwort: Es macht mir Spaß, daß die Beschäftigung mit einem Produkt — so banal, trivial oder auch schädlich es immer sein mag, wenn man sich intensiv damit beschäftigt, steht dahinter immer eine Welt. Wenn Sie sich mit Kopfschmerztabletten beschäftigen, mit Analgetika, können Sie sich beschäftigen mit dem Phänomen des Schmerzes überhaupt. Wenn Sie sich mit einem solchen Produkt wie Kosmetika oder Hautpflegemittel beschäftigen, beschäftigen Sie sich mit Frauen, mit Haut, mit der Bedeutung von Haut, mit der Bedeutung von Kleidung, mit allen Persönlichkeitsmerkmalen, die so im Repertoire von Menschen existieren. Im Grunde ist es eine Beschäftigung mit Menschen, denn die Produkte sollen von Menschen gekauft werden, und zwar von bestimmten Menschen. Um sie gut zu verkaufen, müssen Sie in die Persönlichkeit, in die Welt dieser Menschen hineinkriechen.

Frage: Ja, und dann steht in der Anzeige hinterher „SPALT®, nur ein Wirkstoff genügt“ oder so ein Quatsch.

Antwort: Interessant, daß Sie SPALT® sagen, aber es ist ASPIRIN®. Es ist also ASPIRIN® und das ist ein gute Kampagne . . .

Frage: Ja, warum?

Antwort: Es war eine richtig gute Kampagne, bevor sie eine einstweilige Verfügung gekriegt hat. Früher hieß es nämlich ASPIRIN® – die reine Substanz“ und die ganze formalästhetische Gestaltung der Kampagne reflektierte diese Unbedenklichkeitsaura von Reinheit. Diesen Geniestreich hat ihnen allerdings die Konkurrenz gerichtlich vermasselt. Heute heißt es „Weil ein einziger Wirkstoff genügt". Das ist zwar auch nicht schlecht, aber nicht mehr so gut wie der unterschwellige Appell an die Ängste der Leute, chemisch undurchsichtigen Dreck in sich hineinzufressen, wenn sie nicht zur „reinen Substanz" greifen.

Frage: Und was hat diese platte Aussage, daß ein Wirkstoff genügt, damit zu tun, daß man sich mit Menschen und dem Problem des Schmerzes beschäftigt?

Antwort: Das ist so grundsätzlich das Problem bei der Werbung. Sie fangen beim Kosmos an, wenn Sie sich mit einem Produkt beschäftigen, und enden bei einer blöden Zeile.

Frage: Also mehr Ihr privates Hobby denn eine Forschungsarbeit, die sich in Kampagnen niederschlägt?

Antwort: Nein, es ist kein privates Hobby. Es ist schon notwendig und sinnvoll. Es gehört zu den Schularbeiten, die man als Werbemensch machen sollte. In den meisten Agenturen werden diese Schularbeiten viel zu wenig gemacht. Was rauskommt, ist zwar für das unbewaffnete Auge banal, aber es ist im Unterschied zu allen übrigen Banalitäten genau genommen die richtige Banalität, die Banalität, die den Nagel auf den Kopf trifft.

Frage: Und dazu eine solche philosophisch- psychologische Betrachtung über den Schmerz an sich?

Antwort: . . . um das entscheiden zu können, daß das die richtige Banalität ist von den zehn anderen Banalitäten, die Sie auch ins Auge fassen könnten, empfiehlt sich das theoretische Hintergrundwissen.

Ich habe mich irgendwann einmal mit Schmerzmitteln beschäftigt, bin wirklich auf breiter Basis rangegangen. Hatte sogar ein Interview mit dem Direktor einer Schmerzklinik im Mainz, habe mir Bücher gekauft, wie „Vom Kopfschmerz kann man sich befreien", wenn ich also Werbung machen dürfte für ein Kopfschmerzmittel, so wie ich das will, so wäre das eine Aufklärungskampagne, die sagte, also, die Kopfschmerzen kann man mit autogenem Training angehen, (. . .) aber wenn das alles nichts nutzt, kann man auch ASPIRIN® nehmen oder QUADRONAL®.

Frage: Das würde ja dann kein Kunde kaufen, oder doch?

Antwort: Da kommen wir ja zum Gipfelpunkt der Raffinesse. Also die Leute, die Schmerzmittel nehmen, sind viel zu faul und viel zu träge, viel zu dämlich und viel zu hypochondrisch, um autogenes Training zu machen. Sie werden gleich das Kopfschmerzmittel nehmen. Werden aber zu diesem Kopfschmerzmittel ein größeres Vertrauen haben, weil sie sagen: „Die wollen mir nichts einreden, und jemand, der mir das vorschlägt, der muß wirklich sehr überzeugt von seinem Produkt sein."

Frage: Das heißt, zur Bewußtseinsentwicklung der Menschen würde eine solche Kampagne auch nichts beitragen, also die würden gerade nicht anfangen, autogenes Training zu machen, sondern würden dann gleich . . .?

Antwort: Wir sind nicht die ideologischen Schulmeister der Nation. Dann hätte ich einen anderen Beruf wählen sollen, dann hätte ich zum Rundfunk gehen sollen oder müssen, wie Sie. Ich bin nun mal da. Ich bin in der Werbung, und solange Sie sich innerhalb dieses Systems bewegen und nicht über den Rand hinausgucken, haben Sie auch Ihren Frieden mit diesem System. Sie können da nicht leben, nicht sein und nicht arbeiten, wenn Sie ständig mit einer kognitiven Dissonanz im Kopf rumlaufen."

Werbung, die uns krank macht

GELONIDA zum Beispiel

GELONIDA®, ein Kopfschmerzmittel unter mehr als 100 weiteren, aber ein Marktrenner: das „bewährte“ und „verträgliche“ GELONIDA®, so wird im „Deutschen Ärzteblatt“ die Ideolgie der Unbedenklichkeit des Wirkstoffs Phenacetin propagiert, der in GELONIDA® bis zum 1. April 1986 enthalten war. Bereits als diese Werbeanzeige erschien, hatten Bundesgesundheitsamt, „arzneitelgramm“, die Zeitschrift „test“, die AOK und andere auf die Risiken dieses Wirkstoffs hingewiesen. Der GELONIDA®-Anbieter wußte, daß die Unbedenklichkeit dieser Stoffkombination niemals in pharmakologischen Sicherheitsstudien geprüft, geschweige denn erwiesen wurde. Zur gleichen Zeit war der Stoff in vielen Ländern bereits verboten. Prof. Eberhardt Hackenthal,Pharmologe an der pharmazeutischen Fakultät der Universität Heidelberg, dazu :

„Der überwiegende Teil der teuren Kombinationspräparate bietet nicht nur keinen therapeutischen Vorteil gegenüber einer Monosubstanz, sondern ist schlichtweg als gefährlich oder unsinnig anzusehen. Als Beispiel ist zu nennen: Phenacetin.

Dieses Analgetikum hat besonders in Kombination mit Koffein eine zentral euphorisierende Eigenschaft, die einer mißbräuchlichen Verwendung ohne Zweifel Vorschub leistet . . .

Die Entwicklung eines Analgetika-Syndroms und der damit in Zusammenhang stehenden Nierenschädigung als Folge chronischen Mißbrauchs analgetischer Kombinationspräparate hat wahrscheinlich epidemiologisch und volkswirtschaftlich größere Bedeutung als der Mißbrauch von Heroin, Morphium und anderen Opioiden. Indizien dafür sind die Obduktionsstatistiken und die Tatsache, daß in Dialysezentren zwischen 5% bis 10% aller Behandlungen mit der künstlichen Niere infolge chronischen Analgetikamißbrauchs durchgeführt werden. Angesichts einer solchen Situation ist es nicht gerechtfertigt, solche Kombinationspräparate damit zu verteidigen, daß Mißbrauch nicht in der Verantwortlichkeit des Herstellers liege, sondern auf der pathologischen Persönlichkeitsstruktur des Mißbrauchers beruhe."

Kopfschmerzmittel

Sicher nicht nur die Schmerzen selbst, sondern vielmehr auch die aggressive Werbung, die zu einer unkritischen Konsumhaltung verleitet, führen dazu, daß hierzulande die Schmerzmittel zu den am häufigsten angewendeten Arzneimittel gehören. 1983 wurden 112 Millionen Packungseinheiten verkauft. Auf jeden Bundesbürger vom Baby bis zum Greis entfallen so mindestens 30 Tabletten pro Jahr! Auch wenn viele dieser Mittel (noch) nicht rezeptpflichtig sind, bergen sie dennoch die Gefahr erheblicher Nebenwirkungen und Gesundheitsschädigungen. Wie treffend folglich die ASPIRIN®-Aufforderung: „Bei Tabletten kann man nicht kritisch genug sein", allerdings eine Werbethese, die gleich durch die nächste Werbeaussage pervertiert wird: „Damit sich der Schmerz in nichts auflöst". So widerspruchsfrei kann sich für den kritischen Betrachter der Schmerz nicht in Wohlgefallen auflösen.

Ohne auf die Bedenklichkeit der Mittel hier im einzelnen eingehen zu können (wir verweisen zum Beispiel auf „test" 2/86 oder auf das transparenz-telegramm 1985/86) wollen wir auf drei wichtige Aspekte in diesem Zusammenhang hinweisen:

– Schmerzen haben eine Signalfunktion. Sie sind Symptome einer Störungsursache, die es zu erkennen gilt. Wenn der alarmierende Schmerz regelmäßig mit Schmerzmitteln zugedeckt wird, entfällt diese Funktion. Es besteht dann die

Gefahr, bedeutende und lebensgefährdende Erkrankungen zu spät zu erkennen.

– Auf Schmerzen muß man nicht mit medikamentöser Therapie reagieren. Es gibt eine Vielzahl altbewährter Hilfsmittel (mit längerer Tradition als die Kreationen der Pharmaindustrie) — vom Spaziergang in der frischen Luft bis zum kühlfeuchten Umschlag.

Kaum ein anderes Leiden ist so sehr vom subjektiven Empfinden definiert wie der Schmerz. Die Erfahrung zeigt, daß in vielen Fällen schon ein intensives Gespräch oder einfache Ablenkung den Schmerz beseitigen oder zumindest verringern kann. Entspannungsübungen, z.B. autogenes Training, sind ebenfalls eine bewährte Methode, leichteren Schmerzzuständen aktiv zu begegnen.

– Gemäß einer wissenschaftlichen Studie von Tübinger Neurologen besserten sich Kopfschmerzen und Migräneattacken bei 70% der Patienten nachhaltig, nachdem diese aufgefordert wurden, die jahrelange regelmäßige Einnahme von Schmerzmitteln abzusetzen. Daraus folgt, daß eben jene Mittel, die zur Bekämpfung der Schmerzen gedacht waren, häufig gerade die Aufrechterhaltung der Schmerzen verursachen (siehe auch Dichtgans, J. et al.: Deutsche Medizinische Wochenschrift 109 (1984), 369).

Das Männlichkeitsideal

„Die Unvernunft, mit der wir unsere sexuellen Schwierigkeiten heranzüchten, wird höchstens noch von der fehlenden Einsicht übertroffen, mit der wir sie behandeln."

Nachdem dieser markante und kritische Satz der Werbeanzeige vorangestellt wurde, scheint das im weiteren propagierte Mittel eben von dieser Kritik ausgenommen zu sein. Das Ideal der Männlichkeit wird trotz scheinbarer aufklärerischer Darstellung auf die herkömmliche Ideologie reduziert: „Manneskraft", „Mann im Mann", „Potenz", „sexuelle Leistungsfähigkeit".

„Die nicht organisch bedingte Impotenz hat viele Gründe, und ebenso komplex ist ihre Behandlung." Wiederum wird eine richtige Feststel-

lung vorangeschickt, während dann ganz im Widerspruch dazu PUAMIN als Mittel der Wahl vorgestellt wird.
Der raffinierte Trick der Werbepsychologie besteht darin, aufgrund der Zustimmung zu einer vorangestellten allgemeinen Wahrheit auch die Zustimmung der fälschlich daraus abgeleiteten Konsequenz zu erheischen. Trotz ihrer intellektueller Verbrämung unterscheidet sich diese Werbung in der ideologischen Aussage nicht wesentlich von anderen Potenzmitteln.

PENISEX® mit Sofort-Wirkung!
In Apotheken und Sex-Shops
EINKAUFS-COUPON
für Apotheken und Sex-Shops
Neue Kräfte für den Mann:
Gezielte Wirkung durch Yohimbe-Extrakt
Spürbare Leistungssteigerung
Mehr Selbstvertrauen und Aktivität
Rezeptfrei in allen Apotheken.
masc.
Repursan
Pille der Stärke
Anwendungsgebiet: Stärkung der sexuellen Leistungsfähigkeit.
Erfüllung in der Liebe ist eine wichtige Voraussetzung für ein harmonisches Zusammenleben von Mann und Frau und unerläßlich für Ausgeglichenheit und Wohlbefinden
Eujatrum®
ja zur Liebe, ja zum Glück
EUJATRUM erhöht die Potenz des Mannes EUJATRUM steigert die Liebesfähigkeit der Frau
Kraft und Vitalität für Männer
Sexuell stark sein
Eujatrum®
erhöht die Potenz des Mannes
steigert die Liebesfähigkeit der Frau
EUJATRUM wirkt gezielt auf die Sexualzentren und erhöht die sexuelle Leistungsfähigkeit
EUJATRUM aktiviert die Bildung körpereigener Sexualhormone
r-Aktiv-Dragees
Mehr Kraft für die Liebe!
Eusexan enthält biologisch aktive Zell-Extrakte aus der Hypophyse (Hirnanhangdrüse des Gehirns).
Eusexan aktiviert über die Hypophyse die Sexualzentren des Gehirns und der männlichen Keimdrüsen.
Eusexan stärkt dadurch Potenz und Leistungsfähigkeit. Eusexan-Dragees rezeptfrei in allen Apotheken. Pharma Stroschein, Hamburg.
Eusexan®
Eusexan bei körperlicher und psychischer Erschöpfung und zur Stärkung der sexuellen Leistungsfähigkeit.
Apotheke
EMASEX®-Rektalkapseln
Damit Sie in der Liebe Ihren Mann stehen.
Ein Angebot für Männer!
SANURSEX®
Mit Sexual-Drüsen-Extrakt junger Stiere!
● SANURSEX ist mehr als ein Sexual-Präparat! ● Es sorgt für jugendlichen Schwung im Sexual-Leben und Beruf ● 16 (sechzehn) Sexual-Stoffe und Bio-Elemente kräftigen den ganzen Organismus ● Sexual-Drüsen-Extrakt junger Stiere sowie die bewährte Sexual-Droge »Muira Puama« wirken ganz besonders auf den Sex ● So erhält der Mann mit SANURSEX wohl mit die besten Aufbaustoffe für seine Vitalität und Sexual-Kraft ● Rezeptfrei!
SANURSEX: Steigerung der sexuellen Leistung.
Arzneimittel Becker · 85 Nürnberg · Postf. 1225
Einkaufs-Coupon
für Apotheken ● Drogerien ● Intim-Shops
Männer müssen fit sein
im Beruf und in der Liebe.
SEXANORMA steigert die sexuelle Bereitschaft des Mannes und verdient Ihr Vertrauen.
SEXANORMA®
Ein SEXANORMA-Dragee enthält:
100 mg Yohimbe-Extrakt, 60 mg Testes-Extrakt, 10 mg Muira-Puama-Extrakt sowie Aufbau-Vitamine.
APOTHEKEN-COUPON
Rezeptfrei
LIBIDO-6
SEXANORMA®
Man bleibt Mann
Sexualtonikum
Otto Blocherer, 8901 Stadtbergen, Abt. S 53
Lebenskraft
Ein Hoch für die Liebe!
PENISEX® Kraft-Dragées
In Apotheken und Sex-Shops erhältlich. Oder direkt bestellen von ...-Becker
PENISEX-KRAFT-DRAGEE
Arzneimittel-Becker · 85 Nürnberg 1 · Postf.
· 8213 Aschau i. Chiemgau
Die Quelle der Kraft
Männer müssen fit sein

Doppelt anstößig – „Kein Ersatz für die Pille“

Hat sich das wissenschaftliche Symposium einheitlich für die Verordnung von TRIQUILAR® entschieden? Die abgebildete Anzeige legt dies nahe. Der umworbene Arzt soll sich mit TRIQUILAR® auf der sicheren Seite von 3000 Fachkollegen fühlen. Auf diese Weise werden wissenschaftliche Aussagen für eine gezielte kommerzielle Werbestrategie mißbraucht.

Unseres Erachtens verstößt diese Werbung damit gegen den § 6 Abs. 2 des Heilmittelwergesetzes: „Unzulässig ist eine Werbung, wenn auf wissenschaftliche Veröffentlichungen Bezug genommen wird, ohne daß daraus hervorgeht, ob die Veröffentlichung das Arzneimittel selbst betrifft, für das geworben wird.“

Die Werbung für Empfängnisverhütungsmittel ist ohnehin eine desorientierende Groteske. In den medizinischen Fachjournalen wird nämlich fast nur für die chemische Lösung der Pille geworben, während die Boulevardpresse für Kondome, Schaumovulum und andere Methoden wirbt.

Und noch eine Bemerkung: In der Fachliteratur erscheinen gelegentlich Berichte über ungewollte Schwangerschaften — trotz korrekter Einnahme von TRIQUILAR®, d. h. die empfängnisverhütende Zuverlässigkeit dieser „Pille“ ist umstritten. Welche Frau oder welcher Gynäkologe kann da noch das Gefühl haben, mit TRIQUILAR® „auf der sicheren Seite“ zu sein?

Kongreßstimmung

Auf dem 7. Weltkongreß für Psychiatrie in Wien 1983 wurden die Teilnehmer mit Geschenken und Aufmerksamkeiten der Pharmaindustrie geradezu überhäuft. Die zunächst dankenswerte Förderung einer wissenschaftlichen Tagung durch die Industrie pervertierte man zu einer Werbegroßveranstaltung für Psychopharmaka. In Wien liefen 5000 Teilnehmer mit den gleichen wertvollen Aktentaschen herum, die ihnen die Pharmafirma Hoffmann-La Roche geschenkt hatte und in die ihr Firmenname eingeprägt war. In der Hofburg, dem Kongreßplatz, wurde man in Sälen und Gängen zum Trinken und Essen einge-

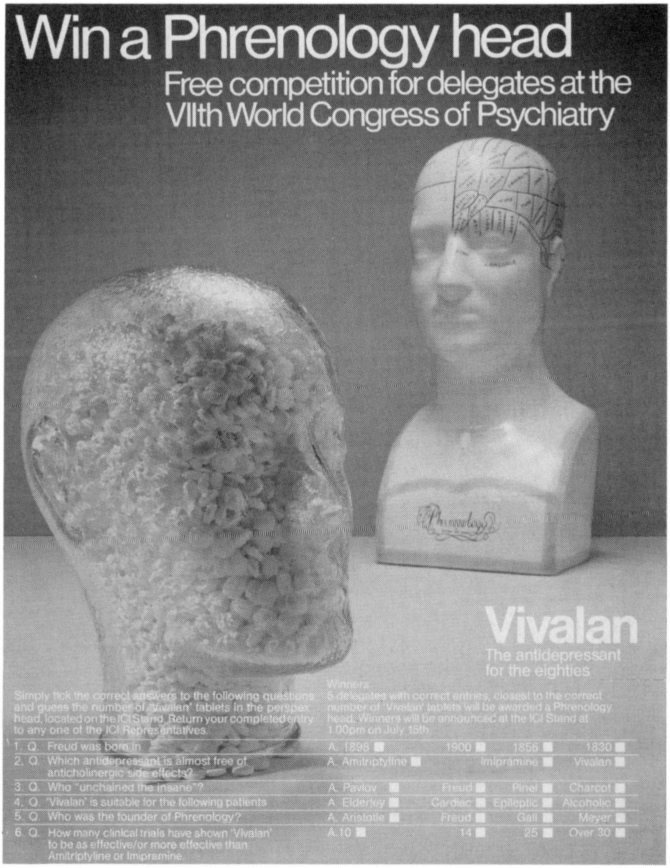

laden. Vitamintabletten erhielten die Teilnehmer kostenlos, ebenso andere Medikamentenprobepackungen sowie Bücher und Geschenke verschiedenster Art.

Die Firma ICI, die das Antidepressivum VIVALAN® vertreibt, organisierte einen Wettbewerb für die internationalen Psychiater: Die Teilnehmer sollten erraten, wie viele VIVALAN®-100-Tabletten in den abgebildeten, auf der Ausstellung präsentierten Glaskopf enthalten sind. Mag einem Psychiater da nicht die unangenehme Assoziation kommen, der Firma sei daran gelegen, möglichst eine Unmenge ihrer Tabletten in die Köpfe der Patienten zu stopfen?

Punkte gegen die Pharmaindustrie

Eine unseriöse Werbepraxis sehen wir darin, den Leser mit pseudowissenschaftlichen Argumenten zur Medikamenteneinnahme zu verführen. Wer wissenschaftsgläubig den Streßtest von Schwarzhaupt ausfüllt, wird mit hoher Wahrscheinlichkeit reichlich Streßpunkte sammeln. Jeder korrekten Testkonstruktion bewußt widersprechend, ist dieser Test so angelegt, daß die Auswertung in die Irre führen muß. Nach dem erzielten Punktergebnis diagnostiziert der Laie Streß als

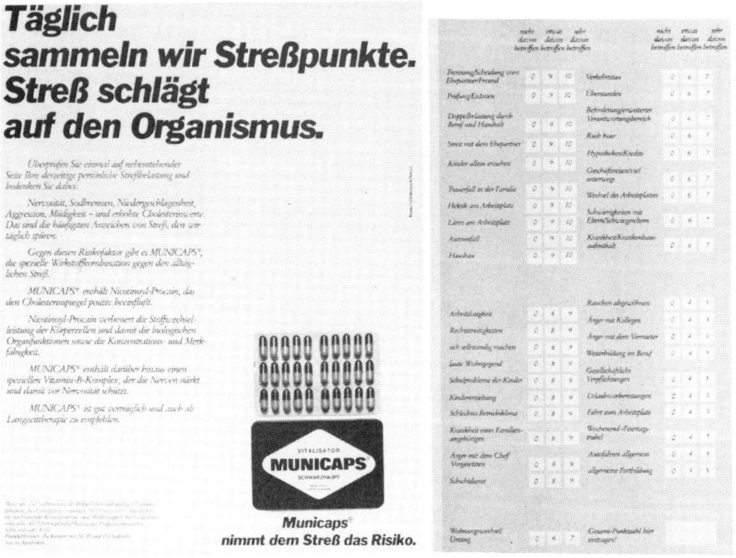

Krankheit und erfährt auch sogleich die Therapie. Auf dem Boden vermeintlich gesicherter Wissenschaft wird er zum Arzt in eigener Sache gemacht.

In ganz ähnlicher Weise mißbraucht der Pharmakonzern Hoffmann-La Roche wissenschaftliche Methodik. Er entwickelte ein psychiatrisches Standardinterview, welches, nachdem es vom Patienten ausgefüllt worden ist, dem Arzt bei der Auswertung gleichzeitig die Verschreibung der Präparate des Konzerns nahelegte. Für alle möglichen Antwortkombinationen steht eine bunte Psychopharmakapalette von Hoffmann-La Roche zur Verfügung. Empfohlen werden vegetative Dämpfungsmittel, Tranquilizer, Antidepressiva und Neuroleptika. In der Zeitschrift Psychologie Heute vom Juni 1981 wird dieses Verfahren zurecht als „Fragebogen mit eingebauter Tablettenabhängigkeit" kritisiert.

Auch die Firma ICI-Pharma, die das Antidepressivum VIVALAN 100® vertreibt, macht es sich mit der Wissenschaft sehr einfach: zwölf wohl auf Depression zielende Fragen werden dem Patienten gestellt. Es bleibt offen, wie viele Fragen der Patient mit „Ja" oder „Nein" beantworten muß, um als geeigneter Konsument für VIVALAN® zu gelten.

Die posthume Entwürdigung

Geschmacklos und entwürdigend wirkt die posthume Therapieempfehlung von ADALAT®-BAYER. Berühmte Persönlichkeiten sollen nach ihrem Tod zu Zeugen der ADALAT®-Indikation gemacht werden. Wo der wissenschaftliche Beweis nicht mehr erbracht werden kann, wird suggeriert, diese berühmten Persönlichkeiten hätten länger leben

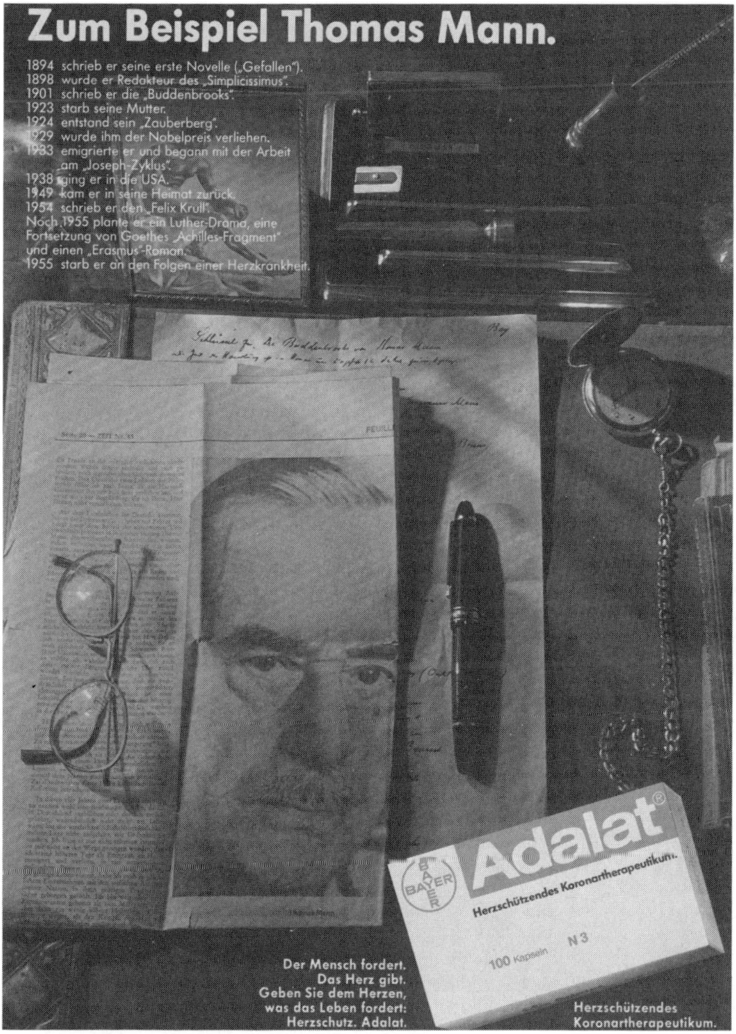

können, wenn sie ADALAT® genommen hätten. Wen wundert es da noch, daß in den dargestellten Lebensläufen jeweils just das Geburtsdatum ausgelassen wurde. Ergänzen wir:

– der 1883 geborene Walther Gropius wurde 86 Jahre alt und
– der 1875 geborene Thomas Mann starb im Alter von 80 Jahren.

Beide also erreichten auch ohne ADALAT® ein weit über die damalige Lebenserwartung hinausgehendes Alter.

Natur im Kräuterschnaps?

In vielen populären Zeitschriften wird für sogenannte Naturarznei geworben. In Abhebung zu den synthetisch hergestellten Medikamenten wird dabei durch den deutlichen Hinweis auf Natur und „Natürlichkeit" eine besonders gesunde und unbedenkliche Wirkung versprochen.

Zunächst jedoch ist die Behandlung der Zivilisationskrankheit Nervosität durch jedwede Arznei keineswegs etwas Natürliches. Darüber hinaus kann auch das Natürliche gesundheitliche Risiken in sich bergen. So ist z.B. KLOSTERFRAU MELISSENGEIST, der 79 Vol.% Alkohol enthält, für alle suchtgefährdeten Menschen eine geheime und daher um so schlimmere Versuchung.

Zur Erhöhung der Werbewirksamkeit hängt sich KLOSTERFRAU MELISSENGEIST an eine modische Welle absoluter Naturgläubigkeit an und baut auf gutgemeinte Mund-zu-Mund-Propaganda.

Barbiturate und ihr Ruf

Das Foto zeigt einen im Alkoholdunst verschwommenen einsamen Trinker. Ihm wird zusätzlich zum Alkohol noch ein weiteres Suchtmittel als bedenkenlos angepriesen: Damit kann er dann „ganz beruhigt schlafen".

Im wissenschaftlich aufpolierten Text wird das Mittel allein durch die Kontrastierung mit anderen bedenklichen Mitteln in unseriöser Weise hervorgehoben. Der Klartext von Bild und Schrift beinhaltet damit folgende banale und gefährliche Aussagen:

SPEDA® ist gut, weil es noch Schlimmeres gibt. Auch Alkoholsüchtige können mit diesem Schlafmittel beruhigt weitertrinken.

Das alltagstaugliche Antidepressivum?
In der medizinischen Fachsprache wird differenziert zwischen vielgestaltigen depressiven Krankheitsbildern, z.B reaktiven, endogenen oder larvierten Depressionen. Differenzierte Diagnostik beeinhaltet auch das Bemühen um eine differenzierte Therapie. Durch die propagandistische Begriffsbildung der ICI-Pharma soll nun alles einfacher werden: VIVALAN® 100, das „alltagstaugliche" Antidepressivum gegen „Alltagsdepressionen". Es wird ein Bild des Leidens vermittelt, das es zu einem normalen, geradezu unausweichlichen Schicksal werden läßt, das keiner exakten medizinischen Abklärung mehr bedarf. Der nebulöse Slogan von der „Alltagstauglichkeit" legt nahe, daß jedermann den vorgeblichen Depressionslöser gebrauchen könne – gewissermaßen wird hier schnelle Hilfe aus der pharmazeutischen Gießkanne angeboten für ein Leiden, welches keineswegs alltäglich und sehr ernst zu nehmen ist. so wird suggeriert, der Arzt spare durch die Verschreibung von VIVALAN® langwierige Differentialdiagnosen ein. In jedem Fall verschafft er dem Arzneimittelhersteller eine schöne Renteneinkunft, denn Depressionen sind ein langfristiges Leiden.

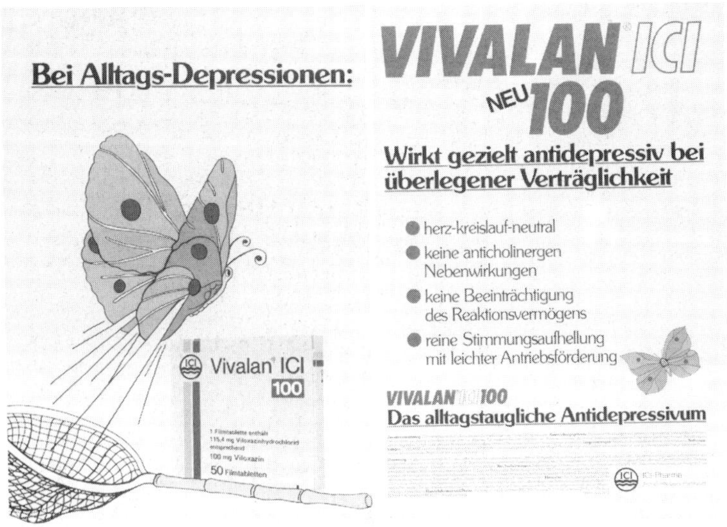

Energiekrisenmanagement

Hier ist der Arzt als Manager angesprochen. Aufgrund weniger unspezifischer Symptome werden sehr rasch Diagnose und Therapie genannt. Ein Kurzschluß von allgemeinen Symptomen auf eine Diagnose; Diagnostik im Sinne von Abklärung anderer Ursachen, etwa psychischer Belastungen, scheint nicht erforderlich.
Der Erwartung des Patienten, rasch und leicht Hilfe gegen seine Probleme zu bekommen, wird in einem sehr oberflächlichen „Energiekrisenmanagement" entsprochen. Hier sind sowohl Arzt als auch Patient der Ideologie der schnellen Machbarkeit verfallen.

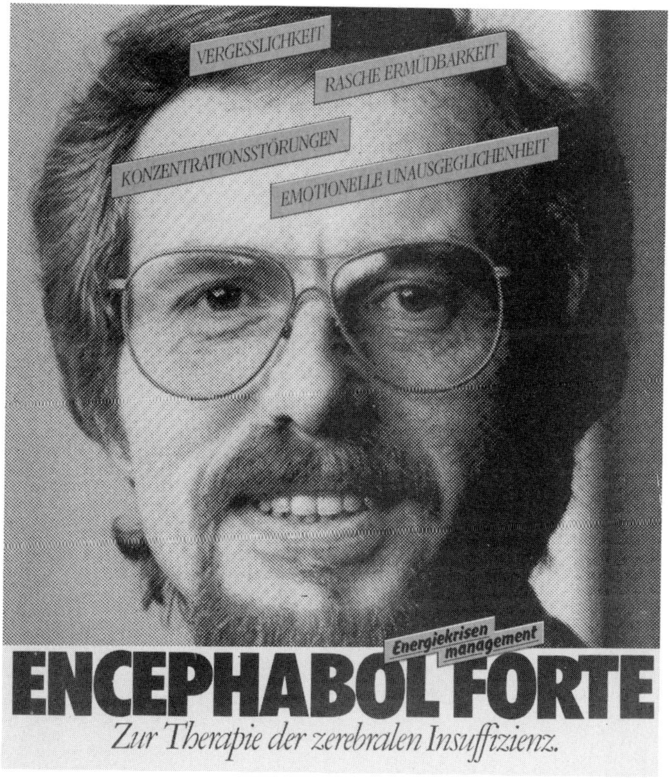

Die falsche Realität

In der Werbung werden gestellte Bilder benutzt, die oft eine falsche Realität zeigen. „Falsch" bedeutet, daß Zusammenhänge verleugnet, Probleme verniedlicht, Tatsachen verdreht werden.
Im harmonisch-idyllischen Bild des Paares auf dem Motorrad wird der Zusammenhang zwischen Krankheit und Verhalten verharmlost. Die empfohlenen Dragees erlauben einen leichtfertigen Umgang mit der Gesundheit. Sommerzeit gleich Prostatitiszeit – Unvernunft ohne Risiko dank PROSTATIN®.

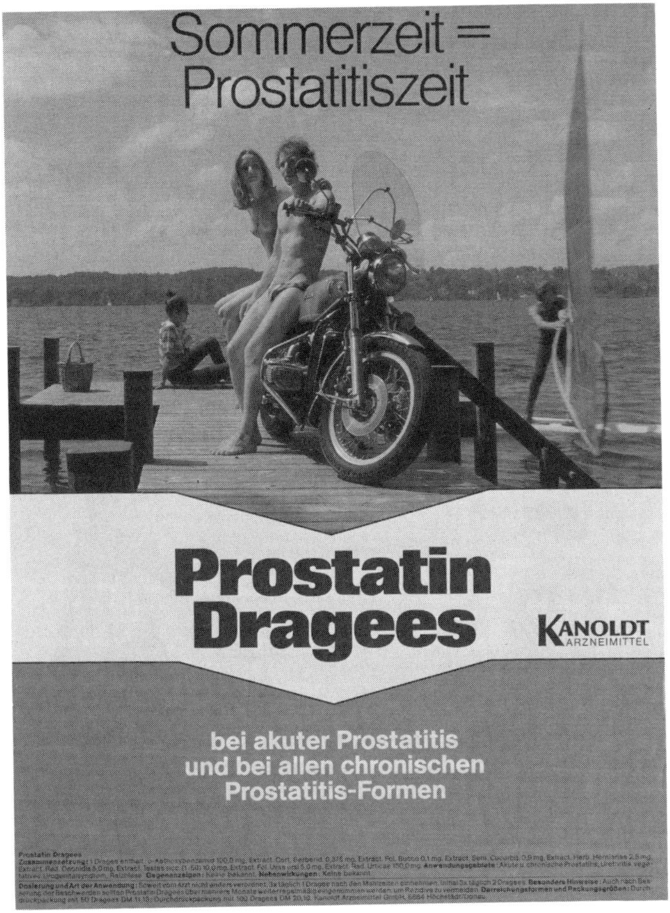

Das Bild der Großmutter als Anhalterin ist ein unehrliches Kompliment. Die Problematik des Altseins wird verschleiert. Das Foto soll den Betrachter schmunzeln lassen und ihn psychologisch entwaffnen. Hier ist jede Kritik, auch die am Medikament, unmöglich gemacht. Selbst wenn die Wirklichkeit ganz anders aussieht.

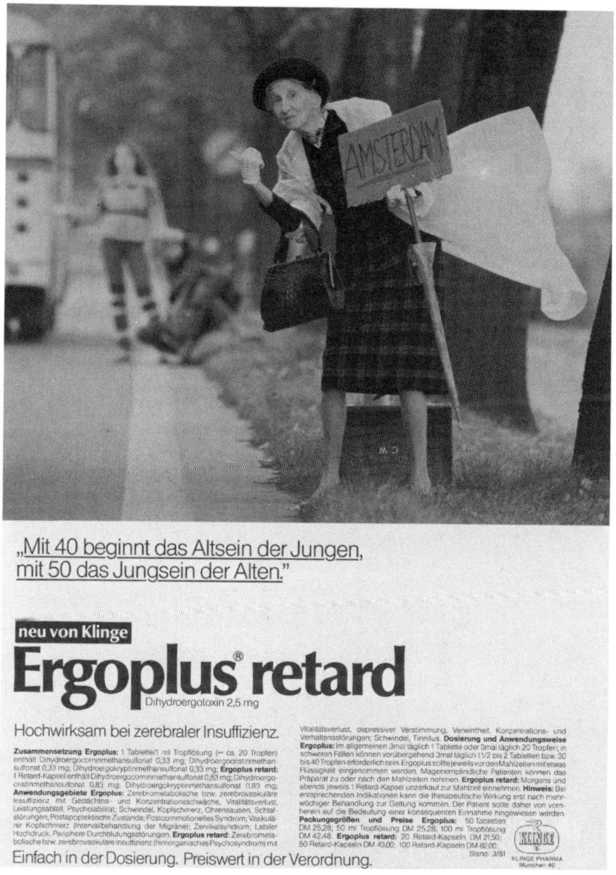

„Propaganda ist die Kunst, den Teufel mit zwei gesunden Füßen zu fotografieren"

(HANS KASPAR)

Wie Werbung wirkt

Kämpfe an der Pharmafront

Wir fühlen uns alle gerne als aufgeklärte kritische Konsumenten. In vielen Befragungen versichern Verbraucher und ganz besonders Ärzte gegenüber der Werbung immun zu sein. Diese Selbsteinschätzung allerdings entspricht in den meisten Fällen nicht der Wirklichkeit.

Auch einige Werbetheoretiker bezweifeln die Wirksamkeit der Werbung und stellen insbesondere Theorien der geheimen Verführbarkeit und der unterschwelligen Wahrnehmung in Frage. In der Tat ändern sich die Werbestrategien ständig, und ihre immense Vielfalt macht es der Wissenschaft nicht leicht.

Am vehementesten beteuert die Pharmaindustrie selbst die Harmlosigkeit ihrer Bemühungen: Mit ihrem Marketing verfolge sie vor allem das Ziel der notwendigen sachgerechten Information. Im übrigen würde ein Werbeverbot keinen Konsumrückgang bewirken, wie dies etwa das Werbeverbot für Alkohol in Norwegen belege. Es ist schon bezeichnend, wie der Vergleich mit einem suchtfördernden Produkt akzeptiert wird, denn die Sucht allein sorgt ja schon für weitere Nachfrage.

Beleuchten wir die desillusionierende Praxis der Pharmawerbung genauer. Nach Angabe des AOK-Bundesverbandes (AOK-Dokumentation zum Pharma-Marketing, Bd. 1 u. 2) und nach eigenen Schätzungen schlägt das Arzneimittel-Marketing mit etwa 5 Milliarden DM jährlich zu Buche. Im einzelnen sind aufgeführt

– Lohnkosten in Höhe von etwa 2 Milliarden DM für die etwa 16 000 Pharmaberater, welche die Ärzte von der Güte der Produkte überzeugen sollen.

– Arzneimittelmuster im Wert von etwa 2 Milliarden DM (bis zur Einführung der Kostendämpfungsmaßnahme der Bundesregierung, welche ab 1. Februar 1987 die Anzahl der Musterabgabe auf höchstens 2 Kleinpackungen pro Präparat im Jahr beschränkt.

– Mindestens 1 Milliarde DM für Anzeigen- und Medienwerbung. Hier schließen wir das medizinische Kongreß(un)wesen mit seiner oft wenig objektiven Berichterstattung ein.

Diese Zahlen wurden indirekt ermittelt; eine exakte Offenlegung durch die Pharmaindustrie ist nicht zu erwarten. Letztlich bleibt undurchsichtig, wie sehr „wissenschaftliche" Unternehmungen (wie etwa Tagungen mit Übernahme von Reise- und Aufenthaltskosten, Honorare für wissenschaftlich überflüssige und aussageschwache Untersuchungen etc.) zu einem wesentlichen Anteil Werbecharakter haben. Über Geschenke und Bestechungsgelder schweigen verständlicherweise Geber und Empfänger. Genaueres kann man im „Spiegel", Nr. 26/1985 nachlesen.

Der Milliardenaufwand für das Pharma-Marketing muß sich auszahlen (Wie lächerlich klein wirken hiergegen die finanziellen Etats für Informationen über kritischen Arzneimittelgebrauch durch die Bundeszentrale für Gesundheitliche Aufklärung, das Bundesgesundheitsamt, die Krankenkassen und andere Organisationen!). In den vertraulichen, industrieinternen „Informationen über den Pharmamarkt" von Boehringer Mannheim bedient man sich einer sehr direkten Sprache, die sich fast wie Frontberichterstattung anhört, und weist darin Zahlenmaterial nach, welches wenig Zweifel an der geplanten

Verschwendung volkswirtschaftlicher Resourcen übrigläßt. Über Herzmittel zitieren wir:

„Der ohnehin schon starke Konkurrenzkampf wurde in den letzten Monaten durch vier Neueinführungen stark forciert. Die Arztinformationen wurden qualitativ wie auch quantitativ deutlich verbessert, aber auch aggressiver gestaltet" (Seite 37). „Die sehr intensive Marktpenetration von ADALAT® (eines Boehringer-Produkts, der Verf.) wird auch in den Ergebnissen zweier Ärztebefragungen deutlich, die in einem Abstand von zwei Monaten durchgeführt wurden. In diesem kurzen Zeitraum von zwei Monaten hat sich der Verordneranteil um 20% erhöht und stieg damit auf 63%. Der Bekanntheitsgrad des Präparates liegt bei über 80%" (Seite 38). So erzielte ADALAT® bereits im dritten Monat nach der Einführung einen Umsatz von 1,1 Millionen DM, und 1984 befindet sich ADALAT® an erster Stelle aller Arzneimittel nach dem Umsatz mit 331 Millionen DM jährlich."

Zu den Werbekosten lesen wir „Informationskosten (Arztbesuche, Anzeigen und Aussendungen) zwischen 1 und 5 Millionen DM sind nicht ungewöhnlich, so daß eine direkte Korrelation zwischen Informationsaufwand und Umsatz besteht" (Seite 48). Bezüglich der Qualität des marktpenetrierenden Produktes ADALAT® heißt es in dem industrieunabhängigen Arzneimittelbrief 1975: „Wir haben sechsseitige farbige Zeitschriftenanzeigen gesehen –, aber es fehlt die Information, auf die der Praktiker wartet: Hat die Substanz wesentliche Vorteile gegenüber der bisherigen Behandlung?"

Pseudoinnovationen ohne überzeugende Vorteile erscheinen in Hundertschaften jährlich neu auf dem deutschen Pharmamarkt. In Form eines Marken- und weniger eines Preis- oder Qualitätswettbewerbes wird der Kampf um den Rezeptblock des Arztes geführt.

Ein besonders anschauliches Beispiel hierfür bietet das Präparat EDRUL® der Pharmafirma Zyma. EDRUL® mit dem Wirkstoff Muzolimin war im April 1985 als neuartiges Diurektikum (harntreibendes Mittel bei der Behandlung von Bluthochdruck) mit verlängerter Wirkung eingeführt worden. Es erzielte bereits 1985 einen Umsatz von 630 Tsd. DM, für die Werbung wurden von der Firma im gleichen Zeitraum allerdings 3,3 Mio. DM ausgegeben. 1986 brachte es EDRUL® auf einen fast boomartigen Verordnungsanstieg von mehr als 1000%, berechnet auf der Basis der Verordnungszahlen innerhalb der gesetzlichen Krankenversicherung. Es überflügelte mit der Gesamtzahl von verordneten Tagesdosierungen so eingeführte Mittel wie ESIDRIX und kam nahe heran an das seit Jahren bekannte Mittel HYGROTON, allesamt Diuretika, die ebenfalls vor allem im Bereich der Behandlung des Bluthochdrucks eingesetzt werden. 1987 zogen allerdings dunkle Wolken für das Pharmaunternehmen auf, da im April die Arzneimittelkommission der deutschen Ärzteschaft mitgeteilt hatte, daß es unter

der Therapie mit EDRUL® bei Patienten, die sich einer Dialyse unterziehen müssen, zu Polyneuropathien kommen kann, also zu unterschiedlichen Nervenschädigungen. Das deutsche Ärzteblatt nahm am 21.5.87 diesen Hinweis auf und schrieb: Die Arzneimittelkommission der deutschen Ärzteschaft rät, bis zur Aufklärung des möglichen Nebenwirkungsmechanismus Muzolin bei Patienten mit Niereninsuffizienz nur anzuwenden, wenn eine lückenlose Kontrolle gewährleistet ist. Die Arzneimittelkommission der deutschen Ärzteschaft bittet um Mitteilung einschlägiger Beobachtungen. Diese Warnung hinderte allerdings die Herstellerfirma nicht daran, auf der griechischen Insel Kos vom 28.–31.5.87 ein Symposium durchzuführen, auf dem den eingeladenen Ärzten die besonderen Vorteile dieses Arzneimittels dargestellt wurden. „Hochaktiv und lang wirksam" und „hervorragend geeignet" – so charakterisierten die Referenten das längst ins Gerede gekommene Arzneimittel.

Am 12.6.1987 wies denn die Firma auch selber darauf hin, daß im Zusammenhang mit ihrem Präparat EDRUL® 240 „mehrere Fälle mit Polyneuropathischer Symptomatik bekannt geworden" seien. Die Firma empfiehlt, ihr Präparat daher vorerst nicht mehr anzuwenden. Am 7.7.87 wurde schließlich vom Bundesgesundheitsamt ein genereller Vertriebsstop für alle Zubereitungsformen und Stärken des Arzneimittels EDRUL® ausgesprochen. Und obwohl die Herstellerfirma selber schon am 12.6.87 von der Anwendung des EDRUL® 240 abgeraten hatte, brachte die Münchner Medizinische Wochenschrift am 26.6.87 in ihrer Beilage 44 die Zusammenfassung des Ende Mai in Kos durchgeführten Symposiums.

In dem Abschnitt Arzneimittel-, Therapie-Kritik in der Internistischen Praxis heißt es denn auch: „Wie war es unter diesen Umständen möglich, das werbende Symposium so, als sei nichts geschehen, abzuhalten und insbesondere den insgesamt positiven und wegen der Bedenken irreführenden Bericht der Münchener Medizinischen Wochenzeitschrift vom 26.6.87 beizufügen? Verspricht sich die Firma weiteren (oder späteren) Absatz? Den Verantwortlichen der Firma Zyma mußten schon gegen Ende Mai 1987 die Bedenken gegen ihr Präparat bekannt gewesen sein. Warum haben Sie dann nicht – was doch sicherlich möglich gewesen wäre – durch ein Telefongespräch oder durch ein Telegramm nach Kos das Symposium in die entsprechende Richtung gelenkt? Und warum haben sie nicht später bei der Berichterstattung die Möglichkeit ihrer Einflußnahme genutzt, um wenigstens in dieser Beilage ein objektives Bild zu bieten? Für das Symposium waren „neue Aspekte" dieses Präparates angekündigt worden. Statt dessen findet sich in der Beilage zur MMW vom 26.6.87, 14 Tage nach der Empfehlung der Herstellerfirma, das Präparat EDRUL 240 nicht mehr zu verordnen, der obsolete Satz: Die Substanz erweist sich als allgemein gut verträglich." Ist das nicht ein Skandal?

Ein weiteres Fallbeispiel illustriert, worum gekämpft wird – um harte Mark und nicht etwa für den medizinischen Fortschritt. Das im Jahr 1974 nach DM-Wert meistverkaufte Präparat der Bundesrepublik war das orale Antidiabetikum EUGLUCON 5®, das Hoechst und Boehriger gemeinsam vertreiben. EUGLUCON®-Gesamtumsatz: 87,9 Millionen DM. Seit Mai 1974 versucht eine weitere Vertriebsgemeinschaft von Bayer und Schering, ein weiteres Jahr darauf Thomae, mit Neuentwicklungen in die Domäne der Konkurrenz einzubrechen. Diesen Vorgang kommentiert Boehringer Mannheim intern so:

„Der Marktführer EUGLUCON 5® konnte 1974 seine Marktposition weiter festigen; der Umsatz stieg um 16,6% auf 87,9 Millionen DM. Damit ist, wie bereits erwähnt, nach GLUTRIL ROCHE® (1972/73) gegen PRODIABAN®/Bayer-Schering (1974) bereits der zweite Abwehrkampf erfolgreich gewesen. Seit dem 1. April 1975 hat mit der Einführung von GLURENORM®/Thomae der dritte Abwehrkampf begonnen. In den ersten sechs Wochen erzielte dieses Präparat einen Umsatz von ca. 50000 DM." Von Mai bis Dezember 1974 ließen die Hersteller PRODIABAN® rund 72000mal bei Ärzten durch den Außendienst besprechen, wandten 1,2 Millionen DM für Anzeigen auf und investierten 650000 DM für Werbeaussendungen. Hoechst und Boehringer jedoch alarmierten ihren Außendienst, der sich in 120000 Arztgesprächen für EUGLUCON® einsetzte, und auf diese Weise den „Angriff auf die Lebenskurve des Antidiabetikums" (Originalton) abwehrte. PRODIABAN® kam in den ersten acht Monaten des Vorjahres nur auf einen Umsatz von 1,1 Millionen DM. Laut Boehringer Mannheim übersteigen „allein die Kosten für schriftliche Werbung den erzielten Umsatz". Die firmeninterne Sprachregelung des „zweiten und dritten EUGLUCON®-Abwehrkampfes" läßt überdies auf die Funktion der Pharmawerbung Rückschlüsse zu. Bislang wurde das Anpreisen von Medikamenten als „wesentliche Dienstleistung der pharmazeutischen Industrie" in den offiziellen Stellungnahmen des Interessenverbandes der Arzneimittelproduzenten dargestellt, „die ein integrierter Bestandteil des Arzneimittelangebots" sei. Mancher Diabetiker würde staunen, erführe er, wie die Entscheidung um die beste Therapie für ihn fällt: durch den Kampf von Vertreterkolonnen (arznei-telegramm 11/75).

Es ließen sich noch viele weitere Beispiele aus der Boehringer-Mannheim-Studie zitieren, und man kann sich ausmalen, wie „die Überzeugungspraxis" vor Ort von den Pharmavertretern geleistet wird, zumal wenn man weiß, daß diese am Umsatz beteiligt sind.

Der Stellenteil in der Wochenendausgabe der Frankfurter Allgemeinen Zeitung oder Süddeutschen Zeitung verrät den Jargon der Branche und ihre Ziele. „Gesucht werden marktorientierende Verkaufspersönlichkeiten – die mit dem ganzen Spektrum erforderlicher Marktbearbeitungsmaßnahmen vertraut sind, – die entsprechend der Umsatzentwicklung honoriert werden, – die fachlich alle Instrumente moderner Pharmawerbung beherrschen, – die ‚Drive' haben" (Anzeigentext).

Das überwältigende Marketing soll die Ärzte zu problematischen Verordnungen animieren, die oft unnötig oder sogar falsch sein könnten. So wird im Arzneiverordnungsreport 1987 bezüglich der Verschreibung umstrittener Arzneimittel folgendes ausgeführt: „Zusammengenommen entfallen auf diese umstrittenen Arzneimittelgruppen 200 Millionen Verordnungen, was einem Anteil von rund 30% am Verordnungsvolumen des gesamten Arzneitmittelmarktes entspricht:! . . . „Es ist aus pharmakologischer Sicht schwer verständlich, daß im Jahre 1986 4,8 Mrd. DM für Arzneimittelgruppen mit umstrittener Wirksamkeit ausgegeben wurden." . . . „Es stellt sich bei den weiter steigenden Kosten im Arzneimittelsektor durchaus die Frage, ob derartig hohe Summen nicht besser für wichtigere medizinische Aufgaben ausgegeben werden sollten als für eine unspezifische und möglicherweise risikobehaftete Placebo-Therapie." Die gigantischen Kosten dieser Manipulation werden über den Preis der Arzneimittel weiterverrechnet, und so potenzieren sich volkswirtschaftlich gesehen beide Aspekte zu einer negativen Bilanz (freilich nicht für die Pharmaindustrie). Die Zahl der behandelbaren Krankheiten wird durch eine noch so massive Werbung nicht verändert, wohl aber die Anzahl der bereitgestellten Arzneimittel. Je mehr Werbeaufwand, desto mehr Präparate überschwemmen den Markt. Das schwer überschaubare Angebot verunsichert die Ärzteschaft, was wiederum einen erhöhten Werbeaufwand zur Folge hat. Die Entwicklung neuer Wirkstoffe stellt sich im Vergleich zu Nachahmer- und Kombinationspräparaten als verschwindend gering dar. Dort, wo ein unbestrittener Bedarf an medikamentöser Behandlung besteht, wie etwa bei bestimmten Impfstoffen, wird wenig geworben.

Einzigartig sind auch die ökonomischen Voraussetzungen der Pharmawerbung. Sie machen einen Vergleich mit anderen marktwirtschaftlichen Bereichen und deren Wettbewerb weitgehend unmöglich. Während normalerweise die Konkurrenz über Preis und Qualität geregelt wird, macht sich die Gesundheitsindustrie von diesen Zusammenhängen mehr oder weniger frei. Weder der verschreibende Arzt, noch der konsumierende Patient werden von den Kosten direkt betroffen. Ein unmittelbares Interesse an der Transparenz des Pharma-Marktes liegt daher bei ihnen nicht vor. Die in der Mehrzahl ignoranten, vor allem auf Selbstdarstellung versessenen Krankenkassen verteilen das Geld an die Pharmaindustrie, deren Gewinne steigen. Eine Trendwende dieser Entwicklung ist noch nicht erreicht, wenngleich sich wegen der ständig steigenden Beitragssätze der Kassen massiver Protest regt.

Zur Transparenz und zur sachlichen Information trage die Werbung wesentlich bei, wird aus Pharmakreisen stereotyp wiederholt. Über die Glaubwürdigkeit einer solchen Aussage hegt man spätestens dann Zweifel, wenn man die Beispiele gesehen hat. Gerne möchte sich die Industrie dem Vorwurf entziehen, daß sie durch ihre Werbung zum Mißbrauch der Medikamente verleite, und sie erklärt, durch das Heilmittelwerbegesetz werde dies verhindert. Dagegen weist eine Untersuchung über „Formen und Umfang irreführender Werbung in der BRD" vom Europäischen Verbraucherbüro (B.E.U.C.) deutlich nach, daß gerade die Laienwerbung im Bereich Medizin in hohem Maße Kritik verdient. Eine repräsentative Anzeigenstichprobe aus 18 Publikumszeitschriften mit insgesamt 2265 Anzeigen wurde bereits im Juli 1974 analysiert. Zitat:

nicht sehr bekannten Präparates führen, werden indes durch die Gestalt des Arztes geprägt und im übertragenen Sinne koloriert. Befriedigt das neuangebotene Präparat bestimmte motivliche Wünsche des Arztes? Kann es sein Prestige heben? Kann es sein Bedürfnis nach Festigung seines sozialen Status besetzen? Gehört die Werbung schlechthin zur Befriedigung eines Spannungsdifferentials? Ganz sicher ist, daß pharmazeutische Werbung ein ‚dynamisches Prinzip' befriedigt: nämlich das Prinzip des Strebens. Pharmazeutische Werbung vermittelt und verdichtet neue und neuartige Informationen. Den Patienten gegenüber ‚up to date' zu sein, ist als Motiv oft entscheidender als allumfassend informiert zu sein . . . Aus diesem Streben nach mehr, nach finanzieller Freiheit, nach Erhöhung und Abrundung des Sozialprestiges, nach Beliebtheit, nach Verbesserung des kollektiven oder persönlichen Goodwill (beim Arzt auch seinem Patienten gegenüber) vertieft sich das gegenseitge ökonomische Interesse und damit die gegenseitige ökonomische Abhängigkeit. Der Arzt in seiner besonderen Stellung will zwar keinen Konformismus; darum lehnt er bewußt Werbung ab. Die tiefenpsychologische Situation ist jedoch anders" (Seite 134).

Schließlich werden berufsethische, sachlich-wissenschaftliche und „menschliche" Motive unterschieden; zu letzteren:

„Ohne auf die zahlenmäßigen Ergebnisse eingehen zu wollen, kommen wir zum Schluß, daß menschliche Motive auch beim Arzt eine sehr große Rolle spielen. Dies ist um so verständlicher, als auch der Arzt mit seinem riesigen Unkostenapparat ein ökonomisches Wesen ist, und durch ökonomische Argumente und Motivationen am ehesten seine Gewohnheiten verändert . . . Wir müssen uns stets bewußt sein, daß auch der Arzt ein Mensch ist und daß dieser Mensch eine bestimmte berufsgeprägte Gestalt hat. Beides in der Motivation durch die

„Die Studie zeigt, daß 46% aller Anzeigen übertriebene Versprechungen enthalten, 6% zweideutige Aussagen machen, im weiteren 6% wesentliche Informationen weggelassen werden und in 7% der Fälle Informationen täuschend dargeboten werden. Nur 35% aller Anzeigen sind aus Verbrauchersicht nicht zu beanstanden, wie die vier zur Bewertung eingesetzten Experten feststellten. Vor allem in den Bereichen Erotika, Medizin (freiverkäufliche Arzneien), Reinigungsmittel und Kosmetik stellten sich extrem hohe Irreführungsquoten von über 90% heraus" (Arbeitsgemeinschaft der Verbraucher (Hrsg.), Verbraucherpolitische Korrespondenz 6/1975). Dieses Ergebnis wird unseres Erachtens heute, zwölf Jahre später, auch nicht besser ausfallen. Und für den Bereich der Ärztewerbung erwarten wir kaum niedrigere Irreführungsquoten.

So viel zu Aufwand, Erfolg und Sachlichkeit der Medikamentenwerbung. Man sieht: Werbung wirkt. Komplexer ist das Wie der Werbung. Mancher wird bei der Ansicht des hier vorliegenden Werbematerials erstaunt gewesen sein, wie dumm und dreist die Anzeigen sich oft darbieten. Kann denn so etwas überzeugen? Und kann so etwas bei Ärzten, also „gescheiten Leuten", überhaupt ankommen? Es kommt an, aber überzeugen im rationalen Sinne des Wortes muß es natürlich nicht.
In seiner ausführlichen Arbeit „Der Arzt und die Werbung" hat der im Abschnitt über das Planbeispiel EDRUL® erwähnte Unternehmensberater Harald Friesewinkel wesentliche Voraussetzungen wirksamer Werbung analysiert. Er legt dar, wie sich werbendes Handeln auf die Motive des Umworbenen bezieht:
„Die Motivforschung hat für die Gruppe der Ärzte Anhaltspunkte vermittelt wie für die Gruppe der Normalverbraucher; obwohl im engeren Sinn der Arzt zwar Kunde, jedoch nicht Verbraucher ist. Dadurch erschwert sich die analytische Situation. Die Motive, welche beispielsweise zur Verordnung eines noch

Werbung zu berücksichtigen, ist Aufgabe eines jeden hochqualifizierten Werbegestalters."

Eine umfassende Motivation könnte beispielsweise erreicht werden, wenn die folgenden Fragen nach der Fertigstellung eines Werbesujets alle mit ja beantwortet würden:

„1. Enthält die Werbung Hinweise für die persönliche Verantwortung des Arztes bei seinen Patienten?

2. Enthält die Werbung die Möglichkeiten einer schnellen und sicheren Orientierung und eines gezielten Therapieeinsatzes ohne wissenschaftliche Komplikationen?

3. Verspricht die Werbung auch indirekte finanzielle Gewinne, verspricht sie höhere Wertschätzung und eventuell ein gehobeneres Prestige?"

Wenn die Motive der Kunden ergründet sind, kann das Werbesujet, die Werbebotschaft gestaltet werden. Hier kommen vielfältige Strategien zur Anwendung. In der Anzeigenwerbung wird vor allem durch das Bild und durch einige Slogans der Zugang zum Gefühl des Betrachters bzw. zu dessen Unterbewußtsein gesucht. Dabei sind diese Bilder oft mehrdeutig, so daß das rationale Ich leicht die untergründigen, oft unseriösen und zweifelhaften Aspekte abweisen kann. Das ist es, was die Werbung so weitgehend immun gegen Kritik macht, indem sie sich immer auf die rationale Unschuldposition zurückziehen kann. Auf der rein psychologisch erfaßbaren Ebene werden dann Assoziationen gestiftet zwischen dem beworbenen Arzneimittel und etwa Sexualität, Macht, Verantwortung, Geld, Gott, Angst usw. Die Bilder in diesem Buch sind dafür beredte Beispiele, die sich durch ihre massive Darbietung natürlich entgegen der eigentlichen Intention der Werbung selbst entlarven. So verspricht die Reklame implizit dem Arzt, er könne Alte wieder jung machen, er habe gottähnliche Eigenschaften usw. Bewußt werden solche Assoziationen natürlich abgelehnt und im Interesse des Selbstwertgefühls wegrationalisiert.

Abschließend drei Zitate zum Thema aus den Jahren 1904, 1925 und 1984. Sie zeigen die Kontinuität der Kritik an der Arzneimittelwerbung – was ihrem expandierenden Unwesen bislang jedoch nichts anhaben konnte.

1. „Verantwortungsvolle Zeitschriften müssen, wenn sie ihren Ruf nicht verlieren wollen, diese neuere Haltung aufgreifen, ihren Lesern die Wahrheit zu sagen, nicht nur im Nachrichtenteil, sondern auch bei den Anzeigen für Medikamente, wo selten Wahrheit ist ... Nichts kann rechtfertigen, daß sie ihr Ansehen dafür hingeben, rücksichtslosen Geldmachern zu helfen, Arme und Leidende auszubeuten" (Medical Advertising: Jama, April 16, 1904.

2. „Alle Anzeigenarten treten an Zahl und Schwierigkeiten zurück hinter der Kategorie der Anzeigen industrieller Fabrikate, und unter diesen ganz besonders der Arzneimittelpräparate. Diese an Fallstricken reichen Inserate bedürfen besonderer Kritik seitens der Schriftleiter, weil die durch sie hervorgerufene Irreführung der ärztlichen Leser nicht allein diesen, sondern auch ihren Patienten zum Nachteil gereichen kann" (J. Schwalbe: Deutsche Medizinische Wochenschrift No. 10, März 1925, Seite 404).

3. „... Medikamente sind – richtig verstanden – Produkte, für die nicht ‚geworben' werden muß wie für ein Produkt der Konsumgüterindustrie, sondern deren Einsatz begründet und deren Anwendung erklärt werden müssen. Während ein Waschmittel oder ein Parfüm in der Werbung mit Attributen der Glücksverheißung angepriesen werden kann, müssen Versprechungen, die im Zusammenhang mit Medikamenten abgegeben werden, einlösbar sein. Zusagen über den Nutzen von Arzneimitteln dürfen nicht global sein. Sie müssen auf empirisch ermittelten pharmakologischen und klinischen Grundlagen beruhen, und sie bedürfen sowohl der qualitativen als auch der statistisch-quantitativen Eingrenzung. In der

Unerfüllbarkeit dieses Anspruches durch eine Werbung, die ihren Erfolg nur in Umsatzzahlen mißt, liegt ein Dilemma der pharmazeutischen Industrie. Die pharmazeutische Industrie versteht sich als Wegbereiterin des therapeutischen Fortschrittes und Partnerin des Arztes. Sie verweist zu Recht darauf, daß es Arzneimittel ohne Nebenwirkungen nicht geben kann und daß dem Einsatz eines Medikamentes immer eine Risiko-Nutzen-Analyse vorauszugehen habe, das heißt, eine Abwägung der Risiken, die mit dem Fortbestehen der Krankheit verbunden sind, gegenüber denjenigen, die durch die Therapie neu erzeugt werden. Diesem Selbstverständnis aber widerspricht eine Werbung, die den Gebrauch eines Medikamentes mit ähnlichen Mitteln empfiehlt wie die Verwendung eines Waschmittels oder den Genuß einer bestimmten Kaffeesorte ..." (J. Drews: Wissenschaft und Werbung. Ein Dilemma der pharmazeutischen Industrie?: Münch. med. Wschr. 126 (1984), 1483–85).

Konsequenzen und Alternativen

Die Auswahl unserer Beispiele belegt anschaulich, wie wenig informativ und hilfreich Pharmawerbung ist. Selbst Kontrollinstanzen der Werbeindustrie und auch das Heilmittelwerbegesetz verhindern offensichtlich kaum den Auswuchs an suggestiver Irreführung unseres Gesundheitsbewußtseins. Das Heilmittelwerbegesetz bezieht sich nicht auf die werbepsychologisch subtile Gesamtgestalt, die der Sache gemäß nur psychologisch erfaßbar ist. Wollte man Irreführung der Werbung effizient unterbinden, müßte die Werbung vor der Lancierung in die Öffentlichkeit von einem Expertengremium geprüft werden. Fakt ist aber, daß, wenn je eine Werbung kritisiert wurde, sie bereits in der Öffentlichkeit gezeigt worden war.

Schon 1976 forderten die Delegierten des achten ordentlichen ÖTV – Gewerkschaftstages ein Verbot der Arzneimittelwerbung. Eine so weitgehende Forderung erscheint wegen ihrer marktwirtschaftlichen Konsequenzen bislang nicht realisierbar. Und so wettert der Exponent unserer gelobten freien Marktwirtschaft, Otto Graf Lambsdorff: »Werbeverbote sind Ohrfeigen für den Verbraucher« und er läßt diesen Slogan über den Fachverband Außenwerbung e.V. an die Plakatwände der BRD kleben. Aber stimmt die Rede des Politikers, wenn er sagt, daß Werbung und somit Wettbewerb 'um der Verbraucher willen' stattfindet und daß die 'Konsumfreiheit' einem 'rationalen Verbraucherverhalten' entspricht. Gilt dies wirklich so auch für die Pharmawerbung? Gegen diese liberalistische Haltung opponiert der nordrhein-westfälische Gesundheitsminister Hermann Heinemann, der unlängst die Werbung von rezeptfreien Schmerzpräparaten, Erkältungs- und Stärkungsmitteln in Funk und Fernsehen kritisierte (Stuttgarter Zeitung 1.7.89). Hierfür werde jährlich etwa 136 Millionen ausgegeben und zwei Drittel der Spots informierten nicht verständlich über Nebenwirkungen. Die Frage erscheint nun doch schon rhetorisch, wem also Werbeaufwand und Desinformation dienen könne. Endlich hat mittlerweile der Gesundheitsausschuß des Bundesrates einen Beschluß zum Verbot von Fernseh- und Hörfunkwerbung von Arzneimittel- sowie von Laienwerbung für Schmerzmittel generell angenommen. Folgen der Kritik nun doch einschneidendere Maßnahmen? Jedenfalls sind einige Schritte erkennbar.

Die notwendige Solidarisierung einer kritischen Gesundheitsbewegung ist in Gang. Von verschiedenen Seiten wird gewissermaßen eine Antiwerbung betrieben, um dem Einfluß der Pharmawerbung und dem negativen Auswuchs der Pharmakotherapie entgegenzuarbeiten. An die Patienten wenden sich in aufklärerischer Absicht die Krankenkassen und die Bundeszentrale für gesundheitliche Aufklärung mit Informtionsbroschüren über Medikamentenmißbrauch und alternative Hilfen. In ausführlichen Presseberichten durch die Aktion Jugendschutz wie durch verschiedene Bücherveröffentlichungen wird über Sinn und Unsinn von Arzneimittelgebrauch fachkundig gemacht. Auch in einem Teil der medizinischen Fachliteratur, etwa in allen medizinischen Fachzeitschriften des Marseille – Verlags München, wird nicht nur auf Werbung verzichtet, sondern vielmehr eine direkte und konstruktive Kritik geübt. Zur umfassenden alternativen Information über Arzneimittel für die Ärzteschaft gibt es, ohne Werbung versteht sich, das Arzneitelegramm und den Arzneimittelbrief. Und die mitunter leidtragenden Konsumenten, eben die 'armen Schlukker' kommen nicht umhin sich wirklich mündig zu machen und gegen eine weitere verdummende Pharmapropaganda zu protestieren.

An folgende Adressen können sie sich wenden:

Verbraucherzentrale Baden-Wüttemberg e.V.
Augustenstr.6
7000 Stuttgart 1
Tel.: 0711/610923

Ministerium für Arbeit, Gesundheit,
Familie und Sozialordnung
– Abteilung V -Gesundheitswesen –
Postfach 1250, Rotebühlplatz 30
7000 Stuttgart 1
Tel.: 0711/6673-0

Verbraucherzentrale Bayern e.V.
Mozartstr.9
8000 München 2
Tel.: 089/539870

Bayerisches Staatsministerium
des Innern
Leiter des Sachgebietes für
Pharmazeutische Angelegenheiten
Maximilianstr. 39
8000 München 22
Tel.: 089/2176-1

Verbraucherzentrale des
Landes Berlin e.V.
Bayreuther Str. 40
1000 Berlin 30
Tel.: 030/21907-0

Der Senator für Gesundheit
und Soziales
An der Urania 12
1000 Berlin 30
Tel.: 030/2122-1

Verbraucherzentrale des
Landes Bremen e.V.
Ausgaritorstr.3
2800 Bremen 1
Tel.: 0421/18526

Der Senator für Gesundheit und Sport
Referent für das Apotheken-,
Arzneitmittel- und Giftwesen
Birkenstr. 34
2800 Bremen 1
Tel.: 0421/397-9567

Verbraucherzentrale Hamburg e.V.
Große Bleiche 23
2000 Hamburg 36
Tel.: 040/35001485

Gesundheitsbehörde
Referatsgruppe Pharmaziewesen und Lebensmittelchemie
Tesdorpfstr. 8
2000 Hamburg 13
Tel.: 040/441950

Verbraucherzentrale Hessen e.V.
Berliner Str. 27
6000 Frankfurt/M 1
Tel.: 069/280701

Der Hessische Sozialminister
Abteilung III Gesundheit
Dostojewskistr.4
6200 Wiesbaden
Tel.: 06121/817-1

Verbraucherzentrale Niedersachsen e.V.
Georgswall 7
3000 Hannover 1
Tel.: 0511/12406-0

Der Niedersächsische Sozialminister
Abteilung Gesundheit
Postfach 141
Hinrich-Wilhelm-Kopf-Str.2
3000 Hannover 1
Tel.: 0511/120-1

Verbraucherzentrale Nordrhein-Westfalen
Mintropstr. 27
4000 Düsseldorf 1
Tel.: 0211/3809-0

Minister für Arbeit, Gesundheit und
Soziales des Landes Nordrhein-Westfalen
Referent für das Arzneitmittel-
und Apothekenwesen
Postfach 11 34, Horionplatz 1
4000 Düsseldorf
Tel.: 0211/837-03

Verbraucherzentrale Rheinland-Pfalz e.V.
Große Langgasse 16
6500 Mainz 1
Tel.: 06131/232037

Ministerium für Umwelt und Gesundheit
Referent für das Arzneimittel-,
Apotheken-und Giftwesen
Kaiser-Friedrich-Str.7
6500 Mainz
Tel.: 06131/162388/162694

Verbraucherzentrale des Saarlandes e.V.
Hohenzollernstr.11
6600 Saarbrücken
Tel.: 0681/52049

Minister für Arbeit, Gesundheit
und Sozialordnung
Referent für Apotheken-
und Arzneitmittelwesen
Franz-Josef-Röder-Str.23
6600 Saarbrücken 1
Tel.: 0681/5011

Verbraucherzentrale Schleswig-Holstein e.V.
Bergstr. 24
2300 Kiel
Tel.: 0431/51286/7

Der Sozialminister des Landes
Schleswig-Holstein
Gesundheitsabteilung
Brunswiker Str. 16-22
2300 Kiel
Tel.: 0431/596-1

Das Heilmittelwerbegesetz

Bekanntmachung
der Neufassung des Gesetzes über die Werbung
auf dem Gebiete des Heilwesens
Vom 18. Oktober 1978
(BGBl. I S. 1677)

in der Fassung des

Zweiten Gesetzes zur Änderung des Arzneimittelgesetzes
vom 16. August 1986
(BGBl. I S. 1296)

Gesetz über die Werbung auf dem Gebiete des Heilwesens

Artikel 1

§ 1

(1) Dieses Gesetz findet Anwendung auf die Werbung für

1. Arzneimittel im Sinne des § 2 des Arzneimittelgesetzes,
2. andere Mittel, Verfahren, Behandlungen und Gegenstände, soweit sich die Werbeaussage auf die Erkennung, Beseitigung oder Linderung von Krankheiten, Leiden, Körperschäden oder krankhaften Beschwerden bei Mensch oder Tier bezieht.

(2) Andere Mittel im Sinne des Absatzes 1 Nr. 2 sind kosmetische Mittel im Sinne des § 4 des Lebensmittel- und Bedarfsgegenständegesetzes. Gegenstände im Sinne des Absatzes 1 Nr. 2 sind auch Gegenstände zur Körperpflege im Sinne des § 5 Abs. 1 Nr. 4 des Lebensmittel- und Bedarfsgegenständegesetzes.

(3) Eine Werbung im Sinne dieses Gesetzes ist auch das Ankündigen oder Anbieten von Werbeaussagen, auf die dieses Gesetz Anwendung findet.

(4) Dieses Gesetz findet keine Anwendung auf die Werbung für Gegenstände zur Verhütung von Unfallschäden.

§ 2

Fachkreise im Sinne dieses Gesetzes sind Angehörige der Heilberufe oder des Heilgewerbes, Einrichtungen, die der Gesundheit von Mensch oder Tier dienen, oder sonstige Personen, soweit sie mit Arzneimitteln, Verfahren, Behandlungen, Gegenständen oder anderen Mitteln erlaubterweise Handel treiben oder sie in Ausübung ihres Berufes anwenden.

§ 3

Unzulässig ist eine irreführende Werbung. Eine Irreführung liegt insbesondere dann vor,

1. wenn Arzneimitteln, Verfahren, Behandlungen, Gegenständen oder anderen Mitteln eine therapeutische Wirksamkeit oder Wirkungen beigelegt werden, die sie nicht haben,
2. wenn fälschlich der Eindruck erweckt wird, daß
   a) ein Erfolg mit Sicherheit erwartet werden kann,
   b) bei bestimmungsgemäßem oder längerem Gebrauch keine schädlichen Wirkungen eintreten,
   c) die Werbung nicht zu Zwecken des Wettbewerbs veranstaltet wird,
3. wenn unwahre oder zur Täuschung geeignete Angaben
   a) über die Zusammensetzung oder Beschaffenheit von Arzneimitteln, Gegenständen oder anderen Mitteln oder über die Art und Weise der Verfahren oder Behandlungen oder
   b) über die Person, Vorbildung, Befähigung oder Erfolge des Herstellers, Erfinders oder der für sie tätigen oder tätig gewesenen Personen gemacht werden.

§ 4

(1) Jede Werbung für Arzneimittel im Sinne des § 2 Abs. 1 oder Abs. 2 Nr. 1 des Arzneimittelgesetzes muß folgende Angaben enthalten:

1. den Namen oder die Firma und den Sitz des pharmazeutischen Unternehmers,
2. die Bezeichnung des Arzneimittels,
3. die Zusammensetzung des Arzneimittels nach Art und Menge der wirksamen Bestandteile,
4. die Anwendungsgebiete,
5. die Gegenanzeigen,
6. die Nebenwirkungen,
7. Warnhinweise, soweit sie für die Kennzeichnung der Behältnisse und äußeren Umhüllungen vorgeschrieben sind,
8. die Wartezeit bei Arzneimitteln, die zur Anwendung bei Tieren bestimmt sind, die der Gewinnung von Lebensmitteln dienen.

(2) Die Angaben nach Absatz 1 müssen mit denjenigen übereinstimmen, die nach § 11 oder § 12 des Arzneimittelgesetzes für die Packungsbeilage vorgeschrieben sind.

(3) Bei einer Werbung außerhalb der Fachkreise können die Angaben nach Absatz 1 Nr. 3 entfallen. Können die nach Absatz 1 Nr. 5, 6 und 8 vorgeschriebenen Angaben nicht gemacht werden, so können sie entfallen.

(4) Die nach Absatz 1 vorgeschriebenen Angaben müssen von den übrigen Werbeaussagen deutlich abgesetzt, abgegrenzt und gut lesbar sein. Bei Werbeaussagen in audiovisuellen Medien findet Satz 1 entsprechende Anwendung.

(5) Absatz 1 gilt nicht für eine Erinnerungswerbung. Eine Erinnerungswerbung liegt vor, wenn ausschließlich mit der Bezeichnung eines Arzneimittels oder zusätzlich mit dem Namen, der Firma oder dem Warenzeichen des pharmazeutischen Unternehmers geworben wird.

§ 5

Für homöopathische Arzneimittel, die nach dem Arzneimittelgesetz registriert oder von der Registrierung freigestellt sind, darf mit der Angabe von Anwendungsgebieten nicht geworben werden.

§ 6

Unzulässig ist eine Werbung, wenn

1. Gutachten oder Zeugnisse veröffentlicht oder erwähnt werden, die nicht von wissenschaftlich oder fachlich hierzu berufenen Personen erstattet worden sind und nicht die Angabe des Namens, Berufes und Wohnortes des Gutachters oder Ausstellers des Zeugnisses sowie den Zeitpunkt der Ausstellung des Gutachtens oder Zeugnisses enthalten,
2. auf wissenschaftliche, fachliche oder sonstige Veröffentlichungen Bezug genommen wird, ohne daß aus der Werbung hervorgeht, ob die Veröffentlichung das Arzneimittel, das Verfahren, die Behandlung, den Gegenstand oder ein anderes Mittel selbst betrifft, für die geworben wird, und ohne daß der Name des Verfassers, der Zeitpunkt der Veröffentlichung und die Fundstelle genannt werden.

§ 7

Es ist unzulässig, Werbegaben (Waren oder Leistungen) anzubieten, anzukündigen oder zu gewähren, es sei denn, daß es sich um Gegenstände von geringem Wert, die durch eine dauerhafte und deutlich sichtbare Bezeichnung des Werbenden oder des Arzneimittels oder beider gekennzeichnet sind, um geringwertige Kleinigkeiten oder um Werbegaben handelt, die als Zugaben zulässig wären. § 47 Abs. 3 des Arzneimittelgesetzes bleibt unberührt.

§ 8

Unzulässig ist eine Werbung, die darauf hinwirkt, Arzneimittel, deren Abgabe den Apotheken vorbehalten ist, im Wege des Versandes zu beziehen. Dieses Verbot gilt nicht für eine Werbung, die sich auf die Abgabe von Arzneimitteln in den Fällen des § 47 des Arzneimittelgesetzes bezieht.

§ 9

Unzulässig ist eine Werbung für die Erkennung oder Behandlung von Krankheiten, Leiden, Körperschäden oder krankhaften Beschwerden, die nicht auf eigener Wahrnehmung an dem zu behandelnden Menschen oder Tier beruht (Fernbehandlung).

§ 10

(1) Für verschreibungspflichtige Arzneimittel darf nur bei Ärzten, Zahnärzten, Tierärzten, Apothekern und Personen, die mit diesen Arzneimitteln erlaubterweise Handel treiben, geworben werden.

(2) Für Arzneimittel, die dazu bestimmt sind, bei Menschen die Schlaflosigkeit oder psychische Störungen zu beseitigen oder die Stimmungslage zu beeinflussen, darf außerhalb der Fachkreise nicht geworben werden.

§ 11

Außerhalb der Fachkreise darf für Arzneimittel, Verfahren, Behandlungen, Gegenstände oder andere Mittel nicht geworben werden

1. mit Gutachten, Zeugnissen, wissenschaftlichen oder fachlichen Veröffentlichungen sowie mit Hinweisen darauf,
2. mit Angaben, daß das Arzneimittel, das Verfahren, die Behandlung, der Ge-

genstand oder das andere Mittel ärztlich, zahnärztlich, tierärztlich oder anderweitig fachlich empfohlen oder geprüft ist oder angewendet wird,

3. mit der Wiedergabe von Krankengeschichten sowie mit Hinweisen darauf,

4. mit der bildlichen Darstellung von Personen in der Berufskleidung oder bei der Ausübung der Tätigkeit von Angehörigen der Heilberufe, des Heilgewerbes oder des Arzneimittelhandels,

5. mit der bildlichen Darstellung
   a) von Veränderungen des menschlichen Körpers oder seiner Teile durch Krankheiten, Leiden oder Körperschäden,
   b) der Wirkung eines Arzneimittels, eines Verfahrens, einer Behandlung, eines Gegenstandes oder eines anderen Mittels durch vergleichende Darstellung des Körperzustandes oder des Aussehens vor und nach der Anwendung,
   c) des Wirkungsvorganges eines Arzneimittels, eines Verfahrens, einer Behandlung, eines Gegenstandes oder eines anderen Mittels am menschlichen Körper oder an seinen Teilen,

6. mit fremd- oder fachsprachlichen Bezeichnungen, soweit sie nicht in den allgemeinen deutschen Sprachgebrauch eingegangen sind,

7. mit einer Werbeaussage, die geeignet ist, Angstgefühle hervorzurufen oder auszunutzen,

8. durch Werbevorträge, mit denen ein Feilbieten oder eine Entgegennahme von Anschriften verbunden ist,

9. mit Hauszeitschriften, deren Werbezweck mißverständlich oder nicht deutlich erkennbar ist,

10. mit Veröffentlichungen, die dazu anleiten, bestimmte Krankheiten, Leiden, Körperschäden oder krankhafte Beschwerden beim Menschen selbst zu erkennen und mit den in der Werbung bezeichneten Arzneimitteln, Gegenständen, Verfahren, Behandlungen oder anderen Mitteln zu behandeln, sowie mit entsprechenden Anleitungen in audiovisuellen Medien,

11. mit Äußerungen Dritter, insbesondere mit Dank-, Anerkennungs- oder Empfehlungsschreiben, oder mit Hinweisen auf solche Äußerungen,

12. mit Werbemaßnahmen, die sich ausschließlich oder überwiegend an Kinder oder an Jugendliche unter 18 Jahren richten,

13. mit Preisausschreiben, Verlosungen oder anderen Verfahren, deren Ergebnis vom Zufall abhängig ist,

14. durch die nicht verlangte Abgabe von Mustern oder Proben oder durch Gutscheine dafür.

§ 12

(1) Die Werbung für Arzneimittel außerhalb der Fachkreise darf sich nicht auf die Erkennung, Verhütung, Beseitigung oder Linderung der in der Anlage zu diesem Gesetz aufgeführten Krankheiten oder Leiden beim Menschen oder Tier beziehen.

(2) Die Werbung für andere Mittel, Verfahren, Behandlungen oder Gegenstände außerhalb der Fachkreise darf sich nicht auf die Erkennung, Beseitigung oder Linderung dieser Krankheiten oder Leiden beziehen. Dies gilt nicht für die Werbung für Verfahren oder Behandlungen in Heilbädern, Kurorten und Kuranstalten.

§ 13

Die Werbung eines Unternehmens mit Sitz außerhalb des Geltungsbereichs dieses Gesetzes ist unzulässig, wenn nicht ein Unternehmen mit Sitz oder eine natürliche Person mit gewöhnlichem Aufenthalt im Geltungsbereich dieses Gesetzes, die nach diesem Gesetz unbeschränkt strafrechtlich verfolgt werden kann, ausdrücklich damit betraut ist, die sich aus diesem Gesetz ergebenden Pflichten zu übernehmen.

§ 14

Wer dem Verbot der irreführenden Werbung (§ 3) zuwiderhandelt, wird mit Freiheitsstrafe bis zu einem Jahr oder mit Geldstrafe bestraft.

§ 15

(1) Ordnungswidrig handelt, wer vorsätzlich oder fahrlässig

1. eine Werbung betreibt, die die nach § 4 vorgeschriebenen Angaben nicht enthält oder entgegen § 5 mit der Angabe von Anwendungsgebieten wirbt,
2. in einer nach § 6 unzulässigen Weise mit Gutachten, Zeugnissen oder Bezugnahmen auf Veröffentlichungen wirbt,
3. entgegen § 7 eine mit Werbegaben verbundene Werbung betreibt,
4. entgegen § 8 eine Werbung betreibt, die auf einen Bezug von Arzneimitteln im Wege des Versandes hinwirkt,
5. entgegen § 9 für eine Fernbehandlung wirbt,
6. entgegen § 10 für die dort bezeichneten Arzneimittel wirbt,
7. auf eine durch § 11 verbotene Weise außerhalb der Fachkreise wirbt,
8. entgegen § 12 eine Werbung betreibt, die sich auf die in der Anlage zu § 12 aufgeführten Krankheiten oder Leiden bezieht,
9. eine nach § 13 unzulässige Werbung betreibt.

(2) Ordnungswidrig handelt ferner, wer fahrlässig dem Verbot der irreführenden Werbung (§ 3) zuwiderhandelt.

(3) Die Ordnungswidrigkeit nach Absatz 1 kann mit einer Geldbuße bis zu fünfzigtausend Deutsche Mark, die Ordnungswidrigkeit nach Absatz 2 mit einer Geldbuße bis zu fünfundzwanzigtausend Deutsche Mark geahndet werden.

§ 16

Werbematerial, auf das sich eine Straftat nach § 14 oder eine Ordnungswidrigkeit nach § 15 bezieht, kann eingezogen werden.

§ 17

Unberührt bleiben:

1. das Gesetz gegen den unlauteren Wettbewerb in der im Bundesgesetzblatt Teil III, Gliederungsnummer 43-1, veröffentlichten bereinigten Fassung, zuletzt geändert durch Artikel 14 des Gesetzes vom 10. März 1975 (BGBl. I S. 685),
2. § 21 des Gesetzes zur Bekämpfung der Geschlechtskrankheiten in der im Bundesgesetzblatt Teil III, Gliederungsnummer 2126-4, veröffentlichten bereinigten Fassung, zuletzt geändert durch Artikel 66 des Gesetzes vom 2. März 1974 (BGBl. I S. 469),
3. die Zugabeverordnung in der im Bundesgesetzblatt Teil III, Gliederungsnummer 43-4-1, veröffentlichten bereinigten Fassung, zuletzt geändert durch Artikel 141 des Gesetzes vom 2. März 1974 (BGBl. I S. 469).

Artikel 2

(weggefallen)

Artikel 3

(weggefallen)

Artikel 4

Dieses Gesetz gilt nach Maßgabe des § 13 Abs. 1 des Dritten Überleitungsgesetzes auch im Land Berlin.

Artikel 5

Absatz 1 (Inkrafttreten)

Absatz 2 (weggefallen)

Anlage
(zu § 12)

Krankheiten und Leiden, auf die sich die Werbung gemäß § 12 nicht beziehen darf

A. Krankheiten und Leiden beim Menschen

1. Nach dem Bundes-Seuchengesetz in der im Bundesgesetzblatt Teil III, Gliederungsnummer 2126-1, veröffentlichten bereinigten Fassung, zuletzt geändert durch Artikel 4 des Gesetzes vom 10. August 1978 (BGBl. I S. 1217), meldepflichtige Krankheiten,
2. Geschwulstkrankheiten,
3. Krankheiten des Stoffwechsels und der inneren Sekretion, ausgenommen Vitamin- und Mineralstoffmangel und alimentäre Fettsucht,
4. Krankheiten des Blutes und der blutbildenden Organe, ausgenommen Eisenmangelanämie,
5. organische Krankheiten
   a) des Nervensystems,
   b) der Augen und Ohren,
   c) des Herzens und der Gefäße, ausgenommen allgemeine Arteriosklerose, Varikose und Frostbeulen,
   d) der Leber und des Pankreas,
   e) der Harn- und Geschlechtsorgane,
6. Geschwüre des Magens und des Darms,
7. Epilepsie,
8. Geisteskrankheiten,
9. Trunksucht,
10. krankhafte Komplikationen der Schwangerschaft, der Entbindung und des Wochenbetts.

B. Krankheiten und Leiden beim Tier

1. Nach dem Viehseuchengesetz in der Fassung der Bekanntmachung vom 23. Februar 1977 (BGBl. I S. 313, 437) meldepflichtige Krankheiten,
2. ansteckender Scheidenkatarrh der Rinder,
3. Fruchtbarkeitsstörungen der Pferde und Rinder,
4. infektiöse Aufzuchtkrankheiten der Tiere,
5. bakterielle Eutererkrankungen bei Kühen, Ziegen und Schafen,
6. Kolik bei Pferden und Rindern.

Literaturverzeichnis

ADLER; E.: Kranke Rezepte, Sucht durch verordnete Medikamente. Greno Verlag, Nördlingen, 1988

BAUCH, W.: Sicherheit im Umgang mit Arzneimitteln. Perimed-Verlag

BERESKEY, L. S.: Medikamente, die helfen, die nichts nützen, die töten. Ariston Verlag, Genf

BRÜGGEMANN, Rolf: Pharmakonzerne werben für Drogen, in: Psychologie heute, 8/87.

BRÜGGEMANN, Rolf: Pharmawerbung, zu Aufwand, Wirkung und Machart, in: Die Ortskrankenkasse, 6/88

BUKO-Pharmakampagne (Hg.): Unentbehrliche Arzneimittel. Deutsche Ausgabe, der von der WHO veröffentlichten Liste. Zu beziehen über BUKO, August-Bebel-Str. 62, 4800 Bielefeld 1

BUNDESMINISTER für Jugend, Familie und Gesundheit: Das Arzneimittelgesetz sowie das Gesetz über die Werbung auf dem Gebiet des Heilwesens. Bonn. Stand Dezember 1983

DOKUMENTATION Pharma-Marketing. Bundesverband der Ortskrankenkassen, Bonn

DREWS, J.: Wissenschaft und Werbung: Ein Dilemma der pharmazeutischen Industrie? In: Münch. med. Wschr. 126 (1984), 1433-35

ERNST, Andrea; Füller, Ingrid: Schlucken und Schweigen, Wie Arzneimittel Frauen zerstören können. Verlag Kiepenheuer u. Witsch, Köln 1988.

FRIESEWINKEL, Harald: Der Arzt und die Werbung. In: Pharm. Ind. 28 (1966)

Heilmittelwerbung. Hrsg. vom Zentralausschuß der Werbewirtschaft e.V., Bonn 1977

GESETZ über die Werbung auf dem Gebiet des Heilwesens HWG (BGB 1 I S.1677).

GLAESKE; Gerd: Fragwürdige Entscheidungshilfen-ärztliches Verordnungsverhalten und Arzneimittelwerbung. In: Sybille Ellinger-Weber, Margret Kruse (Hg.): Psychopharmaka im Alltag. (1989)
HAILEY, Arthur: Bittere Medizin. Ullstein-Verlag, Berlin/Frankfurt a. M./Wien 1984
HALTER, Hans (Hrsg.): Vorsicht Arzt! Krise der modernen Medizin. Rohwolt-Verlag, Reinbek b. Hamburg 1981
HELLER, Eva: Wie Werbung wirkt: Theorien und Tatsachen. Fischer-Taschenbuchverlag, Frankfurt a. M. 1984
HERING, Heide: Weibs-Bilder – Zeugnisse zum öffentlichen Ansehen der Frau. Rowohlt-Taschenbuchverlag, Reinbek b. Hamburg 1979
HERMANNS, A.: Sozialisation durch Werbung, Gesellsch. u. Kommunik. 15, Westdeutscher Verlag 1972
HOCHHUTH, Rolf: Ärztinnen. 5 Akte. Rowohlt-Verlag, Reinbek b. Hamburg 1980
INFORMATIONEN über den Pharmamarkt (BRD), 1974, von Boehringer Mannheim, interne Studie
INTERNISTISCHE PRAXIS, 4. Quartal 1987: Arzneimittel-Therapie-Kritik
KORTE, F. H.: Schenken und Geschenke in der Wirtschaft. Verlag f. Wissenschaft, Wirtschaft und Technik, 1968
KLEINSORGE, Hellmuth; STEICHELE, Carl (Hrsg.): Arzneimittelinformation und Patientenaufklärung. Perimed-Fachbuchverlag, Erlangen 1981
LAMBSDORF; Otto Graf: Vortrag anläßlich der FAW-Jahreshauptversammlung 1987. ERhältlich über FAW, 6 Frankfurt/M 1, Savigystr. 43
LANGBEIN, Kurt; MARTIN, Hans-Peter; SICHROVSKY, Peter; WEISS, Hans: Bittere Pillen. Nutzen und Risiken der Arzneimittel. Ein kritischer Ratgeber. Kiepenheuer & Witsch-Verlag, Köln 1983

LANGBEIN, Kurt; MARTIN, Hans-Peter; WEISS, Hans; WERNER, Roland: Gesunde Geschäfte, die Praktiken der Pharmaindustrie. Kiepenheuer & Witsch-Verlag, Köln 1981
MEDICAL Advertising: JAMA, April 16, 1904
MERSMANN, Susanne: Verkaufte Patienten. Das Geschäft mit den Pillen-Tests. Konkret Literatur-Verlag, Hamburg 1984
MINTROP, Rudolf: Pillen helfen einem immer: Pharmamarkt und Gesundheitssystem- eine kritische Bestandsaufnahme seit Contergan. Berlin: Ed. Sigma Bohn, 1987
NIMMERGUT, Jörg: Werben mit Sex. Wilhelm Heyme-Verlag, München 1982
ÖTV- Gewerkschaft Öffentliche Dienst, Transport und Verkehr — Veröffentlichungen der Fachgruppe Apotheken in Berlin: Stoff aus der Apotheke. Arzneimittelmißbrauch und Arzneimittelsucht. Weg mit dem Grauschleier. Waschzettel unter der Lupe. Vorsicht Arzneimittel. Ein Plädoyer gegen die Laienwerbung. Berlin 1983
PACKARD, Vance: Die geheimen Verführer — Der Griff nach dem Unbewußten in Jedermann. Ullstein-Verlag, Frankfurt/Berlin/Wien 1982
PERETZ, S. M.: Survival of medical journals, Medical journal advertising as currently viewed by the pharmaceutical industry. In: Journal of the Royal Society of Medicine, Vol. 71, April 1978, S. 282-284
POSER, Wolfgang; ROCHER, Dietrich; POSER, Sigrid: Ratgeber für Medikamentenabhängige und ihre Angehörigen. Deutscher Caritasverband e.V., Freiburg 1983
RAFFEE, H. et al.: Irreführende Werbung. Betriebswirtsch. Verlag 1976
REHER, Rolf: Dokumentation Pharmamarketing, Bundesverband der Ortskrankenkasse, Bonn 1984
RELMAN, A. S.: WHO reviews the ads? In: The new England Journal of Medicine 301, No. 18 (1980)

RÖMER, R.: Die Sprache der Anzeigenwerbung. Pädagogischer Verlag Schwann, 1980
ROMATKA, Georg: Selbstbeschränkung der Heilmittelwerbung in Printmedien. In: Archiv für Presserecht 1 (1982), 249-255
ROSENSTIEL, L. von, P. NEUMANN: Einführung in die Markt- und Werbepsychologie, Wissenschaftliche Buchges. 1982
SCHMERL, Christiane: Frauenfeindliche Werbung — Sexismus als heimlicher Lehrplan. Rowohlt-Verlag, Reinbek b. Hamburg 1983
SCHMIDT, H.-J. (Hrsg.): Jahrbuch zur Frage der Suchtgefahren. Neuland-Verlagsgesellschaft, 1981
SCHWABE/Paffrath: Arzneiverordnungsreport 1987. Gustav-Fischer-Verlag, Stuttgart 1987. (siehe auch Report 1988 im gleichen Sinn)
SCHWALBE, J.: Standesangelegenheiten. Der Anzeigenteil in der medizinischen Fachpresse. In: Deutsche Med. Wschr. 10 (1925), 403 f.
SCHWARTAU, Silke: Schöner, stärker, schlanker. Werbung und Wirklichkeit. Rowohlt-Verlag. Reinbek b. Hamburg 1984
SEEL, B. R.: Die Angst in der Werbung. Langen-Müller-Verlag 1982
SENGUPTA, Ch.: Der Medikamentenführer. Was Sie über Ihre Tabletten, Salben und Tropfen wissen müssen. Unionsverlag, Zürich
SIMON, Ingeborg: Verschiedene Veröffentlichungen in 'Demokratisches Gesundheitswesen. Zeitschrift für Gesundheits- und Sozialberufe'. Paul Rugenstein-Verlag, Köln 1982, 1983, 1984
STÖSSEL, Jürgen: Psychopharmaka — Die verordnete Anpassung. Piper & Co-Verlag, München 1973
TEST, Zeitschrift der Stiftung Warentest, Berlin, verschiedene Hefte

SICHROVSKY, Peter: Krankheit auf Rezept. Kiepenheuer & Witsch-Verlag, Köln 1984
TRANSPARENZ-TELEGRAMM. Hrsg. von der Arzneimittelinformation Berlin GmbH, Petzower Str. 7, 1 Berlin 39
VOGT, Irmgard: Für alle Leiden gibt es eine Pille. Westdeutscher Verlag, Opladen 1985
VOSZ, Reinhard (Hrsg.): Pillen für den Störenfried? Absage an eine medikamentöse Behandlung abweichender Verhaltensweisen bei Kindern und Jugendlichen. Hoheneck-Verlag, Hamm 1983
WALDMANN, Helmut (Hrsg.): Medikamentenabhängigkeit. Akademische Verlagsgesellschaft, Wiesbaden 1988
WERMUTH, H.: Die deutsche Pharmaindustrie im Jahrbuch der Werbung, Hrsg. von E. NEUMANN u.a. Econ Verlag, Düsseldorf 1984
WOHLERS, H., M. FUCHS: Die Geheimen Verführerinnen — Frauen in der Werbung. Elefanten Press, Berlin 1986

Über den Autor

Rolf Brüggemann hat in Tübingen Psychologie und Medizin studiert. Er arbeitet als Diplom-Psychologe in einer psychiatrischen Klinik. Sein Interesse gilt neben der Pharmawerbung der Öffentlichkeitsarbeit im Gesundheitswesen und der Geschichte der Psychiatrie.

das einzigartige Antirepressivum
MEDICO MENTAL
hochwirksam
überzeugend
natürlich
medico international
Obermainanlage 7 · 6000 Frankfurt 1
Telefon: 069/4990041
Die Schachtel die es in sich hat
medico-mental ist ein Medikament, das sich nicht einfach schlucken läßt. Die Schachtel enthält 10 hochdosierte Informationskarten: zur Aufklärung über Gesundheit, Medizin und überflüssige Geschäfte mit falscher Medizin in der Dritten Welt.
medico-mental: zur Eindämmung der Medikamentenflut, ein Plus für Gesundheit und Portemonnaie – für uns und für die Menschen in der Dritten Welt.
Comp.: Tips und Wissenswertes über Vitamine, Durchfallerkrankungen, Atemwegserkrankungen, Hunger und Hilfe, Pestizide, Bevölkerungswachstum, Verschuldung, Basismedikamente.
Indikation: Armut, Mangelernährung, Ungerechtigkeit, Fehlende Hygiene, Arbeitslosigkeit, Umweltzerstörung, Medikamentenmißbrauch.
medico international

Gesundheit und Politik

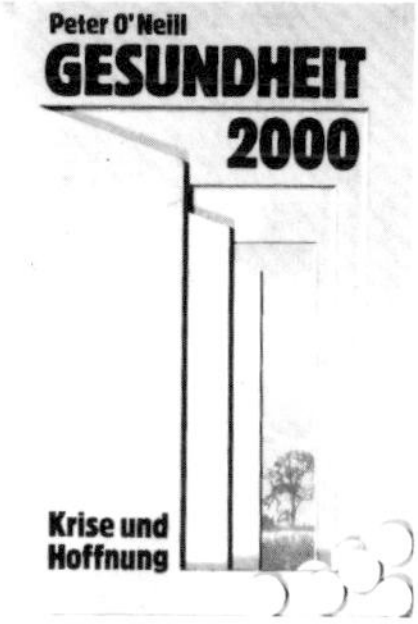

Zwischen zwei Kulturen
Was macht Ausländer krank?
Hrsg. von H. Kentenich, P. Reeg und K.H. Wehkamp,
Eine Bestandsaufnahme der Situation von Ausländern im Gesundheitssystem der BRD. Betroffene und Fachleute untersuchen kulturelle und sozialmedizinische Hintergründe.
184 Seiten, **16,80 DM**
ISBN 3-925499-10-5

Peter O'Neill (WHO)
Gesundheit 2000 — Krise und Hoffnung
Hrsg. vom Regionalbüro Europa der Weltgesundheitsorganisation (WHO)
Um eine Krise abzuwenden, fordert die WHO im Programm: »Gesundheit für Alle im Jahr 2000« eine grundlegende Umgestaltung: Nicht Gesundheits,versorgung', sondern Gesundheitssicherung, gemeinschaftlich getragen von Laien und Experten. Im Zentrum steht die Frage, was Menschen für ihre Gesundheit selbst tun können und welche Rolle den Experten beizumessen ist.
Autorisierte Fassung für den deutschen Sprachraum.
200 Seiten, zahlreiche Abb., Tabellen und Schaubilder
24,80 DM
ISBN 3-925499-17-2

Sierck/Wunder (Hg.)
Sie nennen es Fürsorge
Behinderte zwischen Vernichtung und Widerstand (Behinderte unterm Hakenkreuz, Krüppelbewegung heute, Wider die Therapiesucht ...)
208 Seiten, **15 DM**
ISBN 3-925499-22-9

Karl-Heinz Roth (Hg.)
Erfassung zur Vernichtung — Von der Sozialhygiene zum »Gesetz über Sterbehilfe«
»Kostendämpfung« und »Sozialabbau« in der Nachfolge faschistischer Sozialhygiene
200 S., Abb. u. Dokumente,
12,—DM
ISBN 3-925499-09-1

Äskulap & Hakenkreuz
Zur Geschichte der Medizinischen Fakultät in Gießen zwischen 33 u. 45
Diese Dokumentation wurde erstmals 1982 als Gegenstück zu den Festschriften zur 375-Jahrfeier der Universität verfaßt.
Neuauflage 1989
202 Seiten, zahlr. Fotos u. Dokumente
24,80 DM
ISBN 3-925499-38-5

»Soll nach Hadamar überführt werden.«
Katalog der Gedenkausstellung in Hadamar
In der ehemaligen Heil-und Pflegeanstalt Hadamar wurde in der Zeit von Januar 1941 bis März 1945 ein Teil des vom NS-System begangenen Massenmordes vollzogen.
Der Katalog enthält den vollständigen Text der Ausstellung und alle wesentlichen Dokumente und Abbildungen.
130 Seiten, A4-Format,
24,80 DM
ISBN 3-925499-39-9

Till Bastian
Von der Eugenik zur Euthanasie
Geschichte der deutschen Psychiatrie von 1900 bis zum Euthanasieprogramm der Nazis.
128 Seiten
8 DM
ISBN 3-925499-34-2

Baader/Schultz (Hg.)
Medizin und Nationalsozialismus
Über Bedinungen und Ausmaß ärztlichen Verbrechens im 3.Reich, aber auch über den Widerstand der Mediziner.
Das Standardwerk zum Thema.
4 .Auflage, 250 Seiten
16,80 DM
ISBN 3-925499-21-0

W. Wuttke
Heilen und Vernichten im Nationalsozialismus
Der Katalog zur Ausstellung »Volk und Gesundheit«.
Struktur der NS-Medizin, Geschichte der Lebensreformbewegung, Körperlichkeit u. Leistung, Aufartung u. Ausmerze, Psychiatrie im Faschismus.
Zahlreiche Abbildungen, Tabellen und Dokumente.
250 Seiten, A 4-Format.
18 DM
ISBN 3-925499-33-4

J. Zehentbauer
Die Auflösung der Irrenhäuser
oder: Die Neue Psychiatrie in Italien
Über die Entwicklung der Neuen Psychiatrie, den aktuellen Stand und die noch ungelösten Probleme.
280 Seiten
14,80 DM
ISBN 3-925499-23-7